D1935394

BESCHREIBENDE BIBLIOGRAPHIEN

herausgegeben von

Cola Minis

8. Heft

NAMENFORSCHUNG IM OSTNIEDERLÄNDISCH-WESTFÄLISCHEN GRENZGEBIET

von

PIERRE HESSMANN

Rodopi

1978

103

ausgeschieden
Fachrichtung Germanistik
Universität des Saarlandes
-BIBLIOTHEK-
Inventar A Nr. 56 564
BIBL
lim
7.5:9
2. Ex.

Umschlag: Henk Schippers

© Editions Rodopi N.V., Amsterdam 1978
Printed in the Netherlands
ISBN: 90–6203–380–6

I N H A L T

Fachrichtung Germanistik
Universität des Saarlandes

EINLEITUNG

1. Zielsetzungen der Bibliographie

Obwohl die deutsch-niederländische Staatsgrenze, die infolge einer wechselhaften politischen Entwicklung zustande gekommen ist, heute zwei Kultursprachen trennt, so kann sie doch aus dialektologischer oder namenkundlicher Sicht keineswegs als Grenze gelten. Vielmehr gehören die Dialekte und der Namenbestand des niederländischen und des niederdeutschen Sprachgebiets zu einem kontinentalwestgermanischen Kontinuum, das zwar aufgrund sprachwissenschaftlicher Kriterien (Isoglossen, Verbreitung einzelner Namentypen) aufgeteilt werden kann, in dem aber die festgestellten Trennungslinien selten oder nie mit der Staatsgrenze übereinstimmen. In diesem Sinne ist die Auffächerung von linguistischen Disziplinen wie Mundart- und Namenkunde nach Nationalsprachen, wie sie z.B. aus Buchtiteln wie "Nederlandse Waternamen" oder "Niederdeutsches Namenbuch" hervorgeht, kaum zu rechtfertigen. Sie wurde wohl ausschließlich aus praktischen Gründen vorgenommen, hat aber den nicht zu unterschätzenden Nachteil, daß sie den Anschluß an die jeweils andersstaatlich ausgerichtete Forschung erschwert und den Blickwinkel einengt. Arbeiten, die nicht haltmachen an der Landesgrenze, sind weniger zahlreich vertreten.

Es ist eines der Ziele der vorliegenden beschreibenden und z.T. auch kritischen Bibliographie, die einen breiten Abschnitt der deutsch-niederländischen Kontaktzone umfaßt, den Blick über die Staatsgrenze hinaus zu lenken und somit die Gemeinsamkeiten des Namenmaterials und folglich auch der Probleme ins Licht zu rücken. Als Beispiele für diese Gemeinsamkeiten erwähnen wir hier die Familiennamen auf *-ink*, die *wik*-Namen, den Namen *Hessenweg*.

Weiterhin will die Bibliographie einen Überblick über den Stand der Namenkunde in einem genau abgegrenzten Gebiet bieten und auf diese Weise verdeutlichen, womit die Forschung sich gerade in diesem Gebiet beschäftigt hat. Ferner soll sie durch kritische Bemerkungen wertvolle von weniger wichtigen oder gar wertlosen Veröffentlichungen trennen. Die Inhaltsangaben dienen zur Orientierung; sie mögen dem Namenforscher Zeit ersparen, weil sie es ihm ermöglichen festzustellen, in welchen Publikationen er Material zu einem bestimmten Thema vorfinden und welche er unberücksichtigt lassen kann.

2. Untersuchungsgebiet

Ursprünglich war geplant, das gesamte niederdeutsch-niederländische Grenzgebiet von Emden bis Kleve in die Arbeit einzubeziehen. Infolge der Fülle des Materials hätte sich dies jedoch nicht in absehbarer Zeit verwirklichen lassen. Die Bibliographie beschränkt sich daher auf ein Teilgebiet, nämlich den ostniederländisch-westfälischen Teil der Grenzzone, der die vier Sprachlandschaften Gelderse Achterhoek, Twente, Westmünsterland und Grafschaft Bentheim umfaßt. Eine Abgrenzung der vier erwähnten Sprachlandschaften findet sich für den niederländischen Teil des UG bei K. Heeroma: "De geografische indeling der Oostnederlandse volkstaal" (Taal en Tongval 15, 1963, S. 175-181), für die Grafschaft Bentheim bei A. Rakers: "Mundart" (in: Der Landkreis Grafschaft Bentheim. Bremen-Horn 1953, S. 196-200), für das Westmünsterland bei L. Kremer: "Die westmünsterländische Sprachlandschaft" (in: Studien zur Sprache und Geschichte des Westmünsterlandes. Eine Aufsatzsammlung (= Beiträge des Heimatvereins Vreden zur Landes- und Volkskunde, 8).

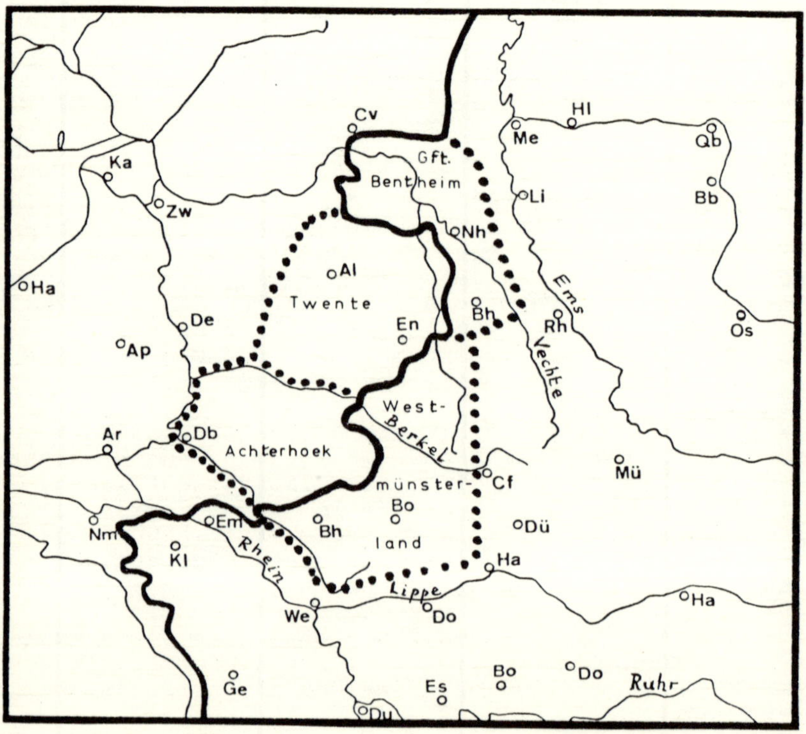

Vreden 1977, S. 7-26). Die nachstehend abgebildete Kartenskizze vermittelt eine ungefähre Vorstellung der Grenzen der vier Landschaften des UG. Die Abgrenzung erfolgte also nach dialektgeographischen Kriterien, da sich namenkundliche Grenzen sowieso nicht so genau festlegen lassen. Überdies deckt sich das UG genau mit dem der vor kurzem erschienenen beschreibenden Bibliographie "Mundartforschung im ostniederländisch-westfälischen Grenzgebiet" (Amsterdam 1977) von L. Kremer, auf die als wichtige Ergänzung zur vorliegenden Bestandsaufnahme nachdrücklich hingewiesen sei. Hier wurde also ein UG sowohl in namenkundlicher als in dialektologischer Hinsicht bibliographisch erschlossen.

Die Bezeichnung "westfälisch" im Titel der vorliegenden Bibliographie steht nicht im Widerspruch zur Tatsache, daß die Grafschaft Bentheim heute zum Lande Niedersachsen gehört. Die Mundart der Grafschaft kann trotz der fehlenden westfälischen Brechung und einiger niederländischer Eigentümlichkeiten zum Westfälischen gerechnet werden; vgl. dazu den Kartenanhang bei dem Buch "Niederdeutsch. Sprache und Literatur, hg. von J. Goossens. Bd. 1: Sprache" (Neumünster 1973).

3. M a t e r i a l

3.1. Aufgenommen sind die in öffentlichen Bibliotheken erreichbaren Publikationen, die sich auf Personen- und Ortsnamen (zu letzteren gehören auch Flurnamen usw.) des UG beziehen. Für die Zeit vor 1900 wurde eine Auswahl getroffen, bei der nur solche Veröffentlichungen berücksichtigt wurden, die in der späteren Fachliteratur noch erwähnt werden oder die durch Umfang bzw. Qualität hervorragen. Die Bibliographie endet mit den Veröffentlichungen des Jahres 1976, insoweit sie bereits greifbar waren.

3.2. Bei der inhaltlichen Beschreibung beschränke ich mich (1) auf Veröffentlichungen, die sich ausschließlich auf das oben abgegrenzte UG oder Teile daraus beziehen, (2) auf solche Arbeiten, die ihren Schwerpunkt in diesem UG finden und (3) auf Arbeiten, die - bei übergreifender Problematik - für dieses Gebiet von besonderer Wichtigkeit sind.

Nur mit dem Titel aufgeführt werden Arbeiten, die für die Namenkunde des UG zwar wichtig sind, über dieses geographisch eng begrenzte Gebiet räumlich und thematisch jedoch hinausgehen, d.h. den gesamten ostniederländischen und/oder westfälischen Raum (oder mehr) betreffen. Die Auswahl dieser ergänzenden bibliographischen Hinweise ist natürlich subjektiv und beanspruchт keine Vollständigkeit. Großräumige, allgemeine Handbücher wie die "Deutsche Namenkunde" von A. Bach oder "Veldnamen in Nederland" von M. Schönfeld wurden nicht berücksichtigt.

3.3. Die vorliegende Bibliographie erstrebt die größtmögliche Vollständigkeit. Auch winzige Schriften wie Heimatbeilagen zu Tageszeitungen oder vervielfältigte Blätter wurden, insoweit sie auffindbar waren, exzerpiert; Zeitungsbeiträge wurden hingegen nur ausnahmsweise aufgenommen. Ich bin mir dessen bewußt, daß neben interessanten Beiträgen auch viele wertlose erfaßt wurden. Die Bibliographie ist vielleicht gerade in dieser Hinsicht besonders nützlich, da diese Schriften oft schwer auffindbar sind und Gefahr laufen, ganz in Vergessenheit zu geraten, obwohl sie zumindest als Materialsammlung manchmal brauchbar sind. Aus der Inhaltsangabe und der Kritik kann der Benutzer selbst ersehen, ob sich das Lesen des betreffenden Beitrags lohnt.

Ein Blick in die Bibliographie lehrt übrigens, daß gediegene, wissenschaftlich verantwortete und über das eng-Lokale hinausgehende namenkundliche Beiträge über das UG relativ selten sind. Die "Namenforschung" erscheint auch hier (und mehr noch als die Mundartforschung) nur zu oft als Betätigungsfeld für "interessierte" Laien.

3.4. Reine Materialsammlungen wie z.B. ein Verzeichnis der Flurnamen eines Dorfes (ohne Interpretation, Quellenangaben usw.) wurden ebenfalls erfaßt. Quellenveröffentlichungen mit Namenmaterial wurden nur dann aufgenommen, wenn die Quellen entweder aus dem UG (oder seiner näheren Umgebung) stammen oder wenn sie sich großenteils auf das UG beziehen (z.B. die "Bürgerbücher der Stadt Nordhorn" von H. Specht, "Das älteste Lehenbuch der Herrschaft Steinfurt" von K. G. Döhmann). Die großen Quellenveröffentlichungen, die sich auf ein ausgedehntes Gebiet beziehen (z.B. das "Westfälische Urkundenbuch"), wurden nicht aufgenommen, obwohl sie auch für das UG wichtig sind. Für sie verweise ich (1) für das Westmünsterland auf den vierten Abschnitt ("Quellenveröffentlichungen") des Heftes von Wolfgang Leesch: "Schrifttum zur westfälischen Geschichte. Ein bibliographischer Überblick" (Münster 1964), (2) für die niedersächsische Grafschaft Bentheim und für die östlichen Niederlande auf Manfred Hamann: "Übersicht über die wichtigsten Veröffentlichungen mittelalterlicher Urkunden zur niedersächsischen Geschichte", in: Niedersächsisches Jahrbuch für Landesgeschichte 39 (1967), 45-85, (3) für die östlichen Niederlande überdies auf H. de Buck: "Bibliografie der geschiedenis van Nederland" (Leiden 1968). Für das UG besonders wichtig sind die folgenden Nummern: 1416, 1419, 1426, 1433, 1434,

3926 sowie die Kapitel "Gelderland" (S. 291-295) und "Overijssel" (S. 295-300). Für die Twente von Bedeutung ist weiterhin das Quellenwerk von S. Muller: "De registers en rekeningen van het bisdom Utrecht 1328-1336" (1889-91, 2 Bde.), da hier ein "Manuaal van den rentmeester van Twente" mit vielen Namen (14. Jh.) veröffentlicht wird.

Schließlich sei noch auf die Nummern 331 und 348 der vorliegenden Bibliographie hingewiesen. In den Literaturverzeichnissen der dort genannten Arbeiten werden Quellenwerke aufgeführt.

3.5. Das wenige Schrifttum, das in öffentlichen Büchereien nicht vorhanden ist sowie die Namenkunde nur am Rande berührende Schriften (Genealogien, Familiengeschichten u. dgl.) wurden in die vorliegende Bibliographie nicht aufgenommen. Dafür wird verwiesen auf Bibliographien, die wenigstens einen Teil des UG erfassen, ohne jedoch den Blick über die Grenzen der engeren Heimat zu lenken: (1) H. Specht: "Bibliographie des landes- und heimatkundlichen Schrifttums über den Bentheimer Grenzbezirk" (= Das Bentheimer Land, 7). Nordhorn/ Bentheim 1932. Zu beachten sind die Abschnitte "Ortskunde", "Familien- und Personengeschichte", "Sprache"; (2) L. Edel: "Neue Bibliographie des landes- und heimatkundlichen Schrifttums über die Grafschaft Bentheim" (= Das Bentheimer Land, 54). Bentheim 1962. Zu beachten sind die Abschnitte "Allgemeines über Vor- und Familiennamen" (hier finden sich auch Arbeiten über Flur- und Ortsnamen!), "Familien- und Hausnamen", "Sprache", "Einzelne Orte". Die bibliographischen Angaben sind nicht immer zuverlässig; vgl. die negative Kritik von F. Busch in: Niedersächsisches Jahrbuch für Landesgeschichte 36 (1964), 212.

3.6. Rezensionen von Monographien wurden erfaßt. Um Vollständigkeit habe ich mich hier jedoch nicht bemüht.

4. Anordnung des Materials

Die Bibliographie ist entsprechend dem in dieser Schriftenreihe üblichen Schema chronologisch, innerhalb eines Jahres alphabetisch angelegt. Diese Ordnung des Materials erlaubt es dem Benutzer, einen Eindruck von der Entwicklung der Namenforschung in einem geographisch überschaubaren Rahmen zu gewinnen. Arbeiten ohne Jahr (o.J.) wurden nach dem vermutlichen Erscheinungsjahr eingeordnet, solche ohne Verfasserangabe tragen den Vermerk N.N. Quellenveröffentlichungen, Quellen- und Namenverzeichnisse sowie Materialsammlungen ohne namen-

kundliche Erläuterungen wurden durch ein + gekennzeichnet.
Querverweise wurden in der Bibliographie selbst nicht immer aufgeführt. Ein Namen- und ein Sach- und Wortregister, die zusammen mit einem Verfasserregister die Bibliographie abschließen, ermöglichen ein rasches Auffinden von Arbeiten über bestimmte Namen, Themen oder Gebiete.

Für freundliche Hilfe bei der Arbeit an dieser Bibliographie danke ich den Herren H. H. Hagens (Enschede), B. J. Hekket (Hengelo) und L. Kremer (Antwerpen). Die Bibliographie selbst widme ich in Dankbarkeit und Verehrung Herrn Prof. Dr. C. Minis in Amsterdam zu seinem 65. Geburtstag am 9. Dezember 1977.

A B K Ü R Z U N G E N

as.	altsächsisch
BNF	Beiträge zur Namenforschung
BNFNF	Beiträge zur Namenforschung. Neue Folge
BW	Bestimmungswort
Contactorgaan A-D-W	Contactorgaan van de Oudheidkundige Werkgemeenschap Aalten-Dinxperlo-Wisch
DB	Driemaandelijksche Bladen
DBNS	Driemaandelijkse Bladen. Nieuwe Serie
dt.	deutsch
DvhO	Dagblad van het Oosten
Flurn.	Flurname
FN	Familienname
GW	Grundwort
Hbl.	Heimatblätter für die Grafschaft Bentheim. Gratis-Beilage der Schüttorfer Zeitung
idg.	indogermanisch
lat.	lateinisch
mnl.	mittelniederländisch
MVN	Medede(e)lingen van de Vere(e)niging voor Naamkunde te Leuven en de Commissie voor Naamkunde te Amsterdam
nd.	niederdeutsch
Nd.Jb.	Niederdeutsches Jahrbuch
Nd.W.	Niederdeutsches Wort
NGN	Nomina Geographica Neerlandica
nl.	niederländisch
ON	Ortsname
PN	Personenname
SN	Siedlungsname
TNTL	Tijdschrift voor Nederlandse Taal- en Letterkunde
UG	Untersuchungsgebiet
VORG	Vereeniging tot beoefening van Overijsselsch Regt en Geschiedenis. Verslagen en Mededeelingen
westf.	westfälisch
WF	Westfälische Forschungen
ZNF	Zeitschrift für Namenforschung
ZONF	Zeitschrift für Ortsnamenforschung

B I B L I O G R A P H I E

+ 1 JUNGIUS (= Jung), Joannes Henricus : Historiae Antiquissimae Comitatus Benthemiensis libri tres ... Accedit Codex Diplomatum et Documentorum ... Hannover und Osnabrück 1773. 320 S. (Historiae) + 398 S. (Codex). Mit 8 Tafeln.
Die im "Codex" im Wortlaut wiedergegebenen lat. und nd. bzw. nl. Urkunden entstammen meist dem 14. und 15. Jh. und enthalten zahlreiche PN und ON.

+ 2 RACER, J. W. : Overijsselsche Gedenkstukken. 7 Bde. Leiden 1781-93. 148, 357, 355, 363, 410, 393, 377 S.
Veraltetes Quellenwerk. Für die Namenforschung nicht ertragreich.

+ 3 RACER, J. W. : Almelosche Oudheden. 2 Bde. Kampen 1785-86. 709 S.
Veraltetes Quellenwerk. Für die Namenforschung nicht ertragreich.

+ 4 NIESERT, Joseph : Codex diplomaticus Steinfordiensis oder Urkundensammlung zur Geschichte der Herrschaft Steinford. 2 Bde. (= Münstersche Urkundensammlung 5 und 6). Coesfeld 1834-1835. 472, 521 S. + alphabetisches Personenregister.
Enthält zahlreiche PN und ON. Fehlerhaft.

5 HALBERTSMA, J. H. : "Avoort, een grenspunt tusschen de marken Notter en Noetzele", in: Overijsselsche Almanak voor Oudheid en Letteren 6 (1841), 1-66.
Überholter Beitrag über *voort*-Namen.

6 WEELING, J. : "Geschiedkundige herinneringen betreffende de stad Oldenzaal", in: Overijsselsche Almanak voor Oudheid en Letteren 11 (1846), 225-256.
Sieht auf S. 227 ff. in dem Namen *Oldenzaal* ein germ. Wort *sale*, das ursprünglich 'Saal, Pfalz', später jedoch 'Herrschaftsgebiet eines Königs' bedeutet habe. Die Bemerkungen über die Kelten, die Etymologien usw. sind überholt.

+ 7 DOORNINCK, J. VAN : Tijdrekenkundig Register op het oud Provinciaal Archief van Overijssel. 6 Bde. + Registerband. Zwolle 1857-1875. 105, 268, 114, 643, 558, 487,189 S.

Regestensammlung mit einer Fülle von Hofnamen, ON und PN. Sehr reichhaltige Quelle nicht nur für die östlichen Niederlande, sondern auch für das anschließende westfälische und niedersächsische Gebiet.

8 MOLHUIJSEN, P. C. : "De hof Elvetre of Monnikhof in Twenthe", in: VORG 2 (1862), 98-109.
Bringt Auszüge aus den Werdener Heberegistern bezüglich des Hofes *Elvetre*, dessen Name heute in *Elfter heurne* (Teil von De Lutte bei Oldenzaal) weiterlebt.

+ 9 (RACER, J. W.) : "Onuitgegeven Memorie van Racer over de hofhorigheid", in: VORG 2 (1862), 17-62.
Auf den S. 37-56 werden Verzeichnisse aus dem 16. und 17. Jh. mit besonders vielen Hofnamen aus der Twente und der Grafschaft Bentheim veröffentlicht.

+ 10 R. E. H. : "Inkomsten der St.Pieterskerk te Utrecht uit goederen behoorende tot den hof te Espelo", in: VORG 11 (1878), 1-41.
Auf den S. 3-29 wird ein Güterverzeichnis (15. Jh.) mit zahlreichen Hof- und Ortsnamen aus der Twente sowie aus Uelsen veröffentlicht.

11 WERNER, H. W. : "Het kasteel Ruurlo", in: Geldersche Volks-Almanak 48 (1882), 121-171.
Enthält zahlreiche urkundliche Belege u.a. des Namens *Ruurlo*. Auf S. 160-162 werden mehrere Deutungsmöglichkeiten angegeben, von denen einige völlig verfehlt sind.

+ 12 DOORNINCK, J. I. VAN : "Overijsselsche plaatsnamen", in: NGN 1 (1885), 73-142.
Im Anschluß an eine nach GW bzw. Suffixen gegliederte Zusammenstellung der ON bringt van Doorninck auch eine alphabetisch geordnete Liste der Overijsseler ON einschließlich einiger Flußnamen. Bei jedem aufgeführten Namen finden sich alte Belege mit Quellenangaben und Hinweise auf gleichlautende Namen sowie auf FN, welche den betreffenden ON enthalten. Eine Deutung wird nicht gegeben. - Im Anschluß an van Doornincks Beitrag veröffentlichte A. Beets eine Ergänzungsliste (S. 143-154), die meist zusätzliche Belege enthält.

13 HATTINK, R. E. : "Tubbergen", in: NGN 1 (1885), 54-55.

Nach einem Überblick über die verschiedenen historischen Schreibweisen des ON *Tubbergen* deutet Hattink den Namen im Anschluß an H. Kern als **te Up-bergen*.

+ 14 GEERDINK, E. : "Calendarium et necrologium Ecclesiae S. Plechelmi in Oldenzalia", in: Archief voor de geschiedenis van het Aartsbisdom Utrecht 15 (1887), 128-212, 337-396.
Das Calendarium stammt aus dem 15. Jh. und ist ein wichtiges Quellenwerk, da es zahlreiche ON und vor allem PN enthält. Ein alphabetisches Register der Namen findet sich am Schluß des Bandes. Auf den S. 376-396 teilt Geerdink allerhand Besonderheiten über die im Calendarium genannten Personen mit.

15 TIBUS, A. : Beiträge zur Namenkunde westfälischer Orte. Münster 1890. 124 S.

+ 16 ANSPACH, Jacobus : "Geldersche Plaatsnamen", in: NGN 3 (1893), 3-306; mit Addenda von J. H. Gallée, ebd., 308-311.
Verzeichnis der ON einschließlich einiger früh überlieferter Flur- und Flußnamen der Provinz Gelderland. Bei jedem einzelnen Namen werden die alten Belege (manchmal bis ins 18. Jh. hinein) mit Quellenangaben aufgeführt. Häufig wird auch auf die mundartliche Aussprache der Namen, auf gleich- oder ähnlichlautende Namen in anderen Gegenden und auf von den ON abgeleitete FN hingewiesen. Deutungen wurden nicht hinzugefügt. Auf einige Schwächen der vorliegenden Sammlung hat Gallée im gleichen Band S. 321 hingewiesen. Vgl. auch D. P. Blok in Naamkunde 1 (1969), 15.

17 GALLEE, J. H. : "De namen van plaatsen in Gelderland en Overijssel", in: NGN 3 (1893), 321-368.
Der größte Teil (S. 322-361) dieses Aufsatzes besteht aus einem alphabetisch geordneten Verzeichnis mit Deutung der häufigsten Bestandteile der ON in Gelderland und Overijssel. Bei jedem Wort werden entsprechende ON aufgeführt. Wenn auch manches überholt ist (z.B. die Erklärung von *donk*, *weerd*), so ist das Verzeichnis im großen ganzen auch heute noch brauchbar. - Weiterhin behandelt Gallée die Bedeutung und Gestalt einiger Suffixe sowie die mundartliche Gliederung (Lautgeographie) einzelner Ortsnamenbestandteile

(z.B. *old/oud*, *kate/kote*, *muiden/mond*). Gallée versucht auch anhand seines Materials Lautveränderungen zu lokalisieren.

18 WINKLER, Johan : "Sommige Geldersche plaatsnamen", in: NGN 3 (1893), 311-320.
Als einzigen Namen aus dem Achterhoek behandelt Winkler auf S. 320 den ON *Winterswijk*, dessen BW er aufgrund mittelalterlicher Belege wie *Wintereswic* zu einem männlichen PN stellt.

19 BENTHEM, A. : Geschiedenis van Enschede en zijne naaste omgeving. Enschede 1895. 344 S.
Ausführliche Belegsammlung für den ON *Enschede*. Benthem erörtert die verschiedenen Schreibweisen und Deutungsversuche; er hält den einmaligen Beleg von 1119 *Anescedhe* für wenig aufschlußreich und verwirft die Deutung 'am Esch gelegen'. Lieber geht er von der seit 1188 und später oft überlieferten Form *Enschede* aus, für die er jedoch keine Erklärung gibt.

+ 20 DARPE, Franz : Coesfelder Urkundenbuch. 3 Teile. Coesfeld 1897-1911. 15 + 164, 144, 48 S.

+ 21 SCHMITZ, L. : Inventare der nichtstaatlichen Archive des Kreises Ahaus (= Inventare der nichtstaatlichen Archive der Provinz Westfalen, Bd. 1, Heft 1). Münster 1899. 7 + 56 S.
Vgl. Nr. 33.

22 ORT, J. A. : "Oldenzaal tijdens de Salische Franken", in: Oudheidkundige Aanteekeningen meest betrekking hebbende op Nederland en zijne bewoners, door J. A. Ort, III (1901), 79-282.
Ort bringt den ON-Bestandteil *sel(e)*, *sal(e)* in Verbindung mit den salischen Franken. Er schildert ausführlich und überschwenglich die altgerm. *sale* als großes Wohnhaus eines mächtigen Herrn und vermutet, daß ein solches Gebäude in Oldenzaal auf dem *Hof* genannten Gelände gestanden habe. - Ort behandelt weiterhin eine Reihe von ON und vor allem Flurn. sowie Hofnamen in der näheren und weiteren Umgebung von Oldenzaal. Überall meint er Namen aus dem germ. Altertum, vor allem Namen aus der germ. Mythologie, zu erkennen. Obwohl der Verfasser umfangreiches Material verarbeitet hat, sind seine Ergebnisse heute überholt.

+ 23 SCHMITZ, L. : Inventare der nichtstaatlichen Archive des Kreises Borken (= Inventare der nichtstaatlichen Archive der Provinz Westfalen, Bd. 1, Heft 2). Münster 1901. 160 S.
Vgl. Nr. 33.

+ 24 SCHMITZ - KALLENBERG, L. : Urkunden des fürstlich Salm-Salm'schen Archives in Anholt, des fürstlich Salm-Horstmar'schen Archives in Coesfeld und der herzoglich Croy'schen Domänenadministration in Dülmen (= Inventare der nichtstaatlichen Archive der Provinz Westfalen, Reg.-Bez. Münster, Beiband 1). 2 Bde. Münster 1902-1904. Zus. 624 S.
Vgl. Nr. 33.

25 KLOKMAN, G. J. : "Bissing", in: DB 2 (1903), 49.
Bissing (in Almelo und Ommen belegt) wird gedeutet als 'Markt'. Klokman leitet das Wort von mundartl. *bissen* 'schnell hin und her laufen' ab.

+ 26 SCHMITZ - KALLENBERG, L. : Inventare der nichtstaatlichen Archive des Kreises Coesfeld (= Inventare der nichtstaatlichen Archive der Provinz Westfalen, Bd. 1, Heft 3). Münster 1904. 271 S.
Vgl. Nr. 33.

27 AEGIDIUS : "Spik(ke)", in: DB 5 (1906), 29-30.
Deutung von *spikke* 'kleiner Damm zum Überqueren eines Flusses', das auch in Twenter Namen vorkommt. K. L. (K. Later ?) hat dem Beitrag eine Ergänzung hinzugefügt, in der er auf dt. *speck(e)* 'Knüppeldamm' hinweist.

+ 28 DÖHMANN, Karl Georg : Das älteste Lehenbuch der Herrschaft Steinfurt 1280-1439 (=Beiträge zur Geschichte der Stadt und Grafschaft Steinfurt III). Fürstlich Bentheimsches Gymnasium Arnoldinum zu Burgsteinfurt. Beilage zum Programm 1906. Münster i.W. 1906. 48 S.
Das im Wortlaut wiedergegebene Register umfaßt Hunderte von PN, ON, Hof- und Flurn. aus dem Westmünsterland, aber auch aus der Twente und dem Achterhoek. Ein alphabetisch geordnetes Register der PN und eines der ON wurden vom Herausgeber hinzugefügt.

29 RÖRING, W. G. A. J. : "Een en ander over Namen (Twente)", in: DB 5 (1906), 101-102.
Plauderei über Kürzungen von Vornamen (*Jans* statt *Johannes*), über *boer*, das dem Eigennamen hinzugefügt wird oder das Grundwort

ersetzt (*Kampboer* statt *Kamphuis*) und über den bei FN in der Twente oft vorkommenden unterscheidenden Zusatz *oude* bzw. *olde*.

30 BRUINS, Jan Antonie : Bijdrage tot de kennis der taal van de plaatsnamen der Werdener Inkomstenregisters. Utrecht 1907. 151 S.
Bruins hat die ON der Werdener Register (9.- 14. Jh.) gesammelt, gedeutet und ausgewertet. In der Sammlung sind auch mehrere Namen aus dem Westmünsterland und den östlichen Niederlanden enthalten.

+ 31 DARPE, Franz : Güter- und Einkünfte-Verzeichnisse der Klöster Marienborn und Marienbrink in Coesfeld, des Klosters Varlar sowie der Stifter Asbeck und Nottuln (= Codex Traditionum Westfalicarum 6). Münster 1907. 391 S.
Bedeutendes Quellenwerk, sowohl für ON als für PN. Die Urkunden reichen von ca. 1302 bis 1801. Mit alphabetischem Namenregister.

32 HUSKAMP, B. : "Aus der Geschichte einiger Bauernhöfe im Kirchspiel Borken", in: Beiträge zur Heimatkunde des Kreises Borken 1, Nr. 8 (1907), 54-55; Nr. 1 (1908). 57-58; Nr. 3 (1908), 67-68; Nr. 6 (1908), 77-79.
Der Aufsatz enthält zahlreiche Hofnamen und einige ON, die teilweise gedeutet werden.

+ 33 SCHMITZ - KALLENBERG, L. : Inventare der nichtstaatlichen Archive des Kreises Steinfurt. (= Inventare der nichtstaatlichen Archive der Provinz Westfalen, Bd. 1, Heft 4). Münster 1907. 376 S.
Enthält Inhaltsangaben der Urkunden, wobei die Namen in der überlieferten Form wiedergegeben werden.

+ 34 SCHMITZ - KALLENBERG, L. : Nachträge zu den Inventaren der nichtstaatlichen Archive des Kreises Coesfeld (= Inventare der nichtstaatlichen Archive der Provinz Westfalen, Bd. 1, Heft 4a). Münster 1908. 104 S.
Vgl. Nr. 33.

35 SCHMIDT, Ferdinand : "Aus der Geschichte von Weseke", in: Beiträge zur Heimatkunde des Kreises Borken 1, Nr. 1 (1909), 97-99.
Schmidt erörtert die Deutung des ON *Weseke*.

36 HACKE, Theodor : Heimatklänge. Bentheimer Plaudereien. Bentheim o.J. 54 S.

Die hier gesammelten Aufsätze erschienen in den Jahren 1910-12 in der Bentheimer Zeitung. In den Plaudereien werden besonders viele Flurnamen zur Sprache gebracht, deren Deutung oft verfehlt ist. Auch die "Materialsammlung" ist wertlos.

37 NIGGE, F. : "Die Ostendorfer Mark", in: Beiträge zur Heimatkunde des Kreises Borken 1, Nr. 9 (1910), 171-172; Nr. 10 (1910), 173-176.
Nigge erwähnt mehrere Flurn.; über einige Fluren teilt er Einzelheiten mit.

38 BRUYN, A. G. DE : Oldenzaal. Verklaring van den naam dezer stad. Oldenzaal 1911. 8 S.
Der Verfasser meint, daß *Oldenzaal* 'an them Sale' bedeutet, wobei *Sale* ein Flußname sein soll.

39 DEINSE, J. J. VAN : "De Hunenborg", in: DB 12 (1912), 15-17.
Beschreibung der Flur *Hunenborg* bei Ootmarsum und Deutungsversuch des Namens.

40 REGELMEYER, Bernhard : Die Johannitergemeinde zu Steinfurt. Inaugural-Dissertation zur Erlangung der Doktorwürde. Münster 1912. 100 S.
Enthält einige Hofnamen (14. Jh.), auch aus dem Bentheimischen und Ost-Overijssel.

41 WITT, Fritz : Beiträge zur Kenntnis der Flußnamen Nordwestdeutschlands. Kiel 1912. 238 S.

+ 42 GEESINK, J. : "Burgerboek van Ootmarsum 1396-1542", in: VORG 29 (1913), 25-48. Ergänzung von C. J. Snuif auf S. 49-58.
Diesem zeitlich geordneten Verzeichnis der Namen der Bürger ist leider kein alphabetisches Register beigefügt.

43 SCHRÖDER, Johannes : "Teufelssteine im Münsterlande", in: Unsere Heimat. Blätter für das Münsterland und die angrenzenden Gebiete 23 (1.12. 1914) und 24 (15.12.1914).
Beschreibung von urgeschichtlichen "Opfersteinen" im Münsterland, wobei die im Volksmund gebräuchlichen Bezeichnungen (z.B. *Holtwicker Ei, Bönenjägerstein*) angegeben werden.

44 BRUYN, A. G. DE : "De Schipleide bij Oldenzaal", in: VORG 31 (1915), 97-98.
Handelt über den Bachnamen *Schipleide*, der als 'zur Schiffahrt geeigneter Wasserlauf' gedeutet wird.

45 SNUIF, C. J. : "Burgende = Borne ?", in: VORG 31 (1915), 104-105.
Aufgrund historischer Angaben schließt Snuif, daß mit *Burgende* das heutige *Borne* gemeint ist. Auf die Namensdeutung wird nicht eingegangen.

46 BRAND, Albert : "Die Ems und ihre Namensverwandten. Ein grundsätzlicher Beitrag zur vergleichenden Fluß-, Berg- und Ortsnamenkunde", in: Zeitschrift für vaterländische Geschichte und Altertumskunde 76 (1918), 1. Abteilung, S. 1-56.
Bespricht ausführlich die Wurzel **am-* mit ihren verschiedenen Suffixen unter Berücksichtigung der Forschungsergebnisse von Grimm, Förstemann u.v.a.

47 REGENBOGEN, E. : "Einiges über Grafschafter Vor- und Familienamen" (sic), in: Heimatverein der Grafschaft Bentheim. Geschäftsbericht für 1917 (Bentheim 1918), 7-12.
Plauderei über FN auf *-ing* bzw. *-ink*. Für die heutige Wissenschaft ohne Belang.

\+ 48 DÖHMANN, Karl : "Das Totenbuch des Klosters Frenswegen", in: VORG 36 (1920), 17-85.
"Das Necrologium enthält im ganzen 573 Namen; davon entfallen 302 auf die Zeit von 1394 bis 1500, 185 auf die Zeit von 1501 bis 1600, 14 auf das 17., und 72 auf das 18. Jahrhundert bis 1804" (S. 23). In der Beilage A wird der "Personalbestand Frenswegens im Jahre 1451" dargestellt; die Beilage B ist ein "Verzeichnis der von 1394 bis 1495 eingekleideten Chorbrüder".

49 EDEL, Ludwig : "Alt-Nordhorner Namen", in: Der Grafschafter 3 (16.8.1922).
Unergiebige Plauderei über einige alte Nordhorner Namen wie *Stoltevoet*, *Boelen*.

50 K(IP), G(eorg) : "Wie Georgsdorf zu seinem Namen kam", in: Der Grafschafter (19.5.1922).
Erläuterung der Umstände, die dazu führten, daß die Moorkolonie Neu-Piccardie (benannt nach einem Hofprediger J. Piccardt) nach dem hannoverschen König Georg umbenannt wurde. Vgl. Nr. 51.

51 JONAS, F. : "Beitrag zur Namenskunde (Georgsdorf)", in: Der Grafschafter 3 (16.8.1922).
Im Anschluß an den Aufsatz von G(eorg) K(ip)

(s. Nr. 50) teilt Jonas mit, daß die heutige Gemeinde erst 1862 ihren Namen *Neue-Piccardie* in *Georgsdorf* änderte, um auf diese Weise König Georg V. für Zuschüsse zum Kirchenbau zu danken.

52 HEIDEBRINCK : "Siedlungsverhältnisse im nordwestlichen Münsterlande unter besonderer Berücksichtigung der Flurnamen unseres Kreises", in: Ahauser Kreiskalender 1 (1923), 20-22.
Heidebrinck zitiert häufiger vorkommende Flurnamenbestandteile im Zusammenhang mit der Siedlungsgeschichte. Die Bemerkungen über altgermanische Kultstätten sind abwegig.

53 HOCKS : "Unsere Hausnamen", in: Ahauser Kreiskalender 1 (1923), 36-41.
Nach allgemeinen Bemerkungen über FN veröffentlicht Hocks eine Liste von in Ahaus geläufigen Namen. Die Liste ist nach der Art der Namengebung geordnet.

54 JELLINGHAUS, H. : Die westfälischen Ortsnamen nach ihren Grundwörtern. Dritte vermehrte Ausgabe. Osnabrück 1923. 191 S.
Rez.: J. Schnetz, in: ZONF 1 (1925), 231-233. - R. Schützeichel, in: BNFNF 8 (1973), 394 (zum unveränderten Nachdruck der 3. Ausgabe).

55 ELDERINK, C. E. : "Over namen van plaatsen, erven en akkers in Twente en daaraan verbonden overleveringen", in: DB 21 (1924), 56-77.
Plauderei mit zahlreichen volkskundlichen Bemerkungen über eine große Zahl von Twenter Flurnamen (u.a. *Helweg*, *Hessensteeg*); auch PN, die aus Flurn. entstanden sind, kommen zur Sprache.

56 HEIDEBRINCK : "Epe in Vergangenheit und Gegenwart", in: Ahauser Kreiskalender 2 (1924), 82-85.
Deutet *Ochtrup* (überliefert als *Uchtepe*) als 'Ost-Epe' (zu nd. *ucht* 'Morgen = Osten').

57 HEIDEBRINCK : "Orts-, Bauerschafts- und Flurnamen im südöstlichen Teil des Kreises Ahaus", in: Ahauser Kreiskalender 2 (1924), 103-106.
Dilletantische Deutung einer Reihe von ON des Kreises Ahaus.

58 N. N. : "Versuch einer Deutung der Namen der Bauernhöfe in der Grafschaft Bentheim", in:

Der Grafschafter 5 (Februar 1924). Nach Edel (Bibliographie) stammt dieser Aufsatz von Focke.
Wiedergabe eines bereits 1868 in der "Wochenschrift der Grafschaft Bentheim" erschienenen Aufsatzes, der heute belanglos ist.

59 SCHMEDDINGHOFF, A. : "Wie sind unsere ältesten Familiennamen entstanden ?", in: Heimatkalender des Kreises Borken 1924, S. 43-47.
Plauderei über den Ursprung von FN mit vielen Beispielen aus der Bocholter Gegend.

60 EDEL, L. : "Zur Geschichte der Bauernhöfe in der Grafschaft Bentheim", in: Hbl. 1 (2.3.1926), 12-15; 2 (29.5.1926), 17-22; 4 (24.12.1926), 49-53; 10 (1.9.1928), 157-158.
In diesen kurzen Aufsätzen tauchen mehrere Hofnamen mit vereinzelten historischen Belegen auf.

61 HEIDEBRINCK : "Wehr und Wersche", in: Ahauser Kreiskalender 4 (1926), 114-116.
Belanglose Plauderei über *Were*, das als "Bauernerbe" gedeutet wird.

62 N. N. : "Heidnische Kultstätten in der Grafsch. Bentheim", in: Grafschafter Heimat-Kalender 1 (1926), 32.
In diesem phantasievollen Beitrag werden einige Bentheimer Flurn. aufgeführt, die angeblich auf heidnische Kultstätten hinweisen sollen.

63 ABELS, Hermann : Die Ortsnamen des Emslandes in ihrer sprachlichen und kulturgeschichtlichen Bedeutung. Paderborn 1927. 108 S.
Rez.: L. Bückmann, in: ZONF 5 (1929), 73-79.

64 HEMSING, J. : "Die ältesten Ortsbezeichnungen aus dem Gebiete der Herrlichkeit Lembeck und ihre Verwertung für die Siedlungsgeschichte", in: Vestische Zeitschrift 33 (1927), 107-123.

65 TENHAGEN, Fr. : "Die Ahauser Aa", in: Ahauser Kreiskalender 5 (1927), 18-22.
Belanglose Plauderei über die Flußnamen *Aa*, *Regge* usw.

66 DEINSE, J. J. VAN : "Landweren bij Enschede", in: DB 22 (o. J.; wahrsch. 1928), 109-115.
Erörterungen über Landwehren bei Enschede, wobei den Namen dieser Einrichtungen besondere Aufmerksamkeit geschenkt wird. - Erschien ursprünglich in den Zeitungen "Tuban-

tia" und "Enschedesche Courant" vom 20., 21., 22. und 25. Okt. 1927 und liegt ebenfalls als 40-seitiger Sonderdruck vor.

67 EDEL, L. : "Die Steggewentzen", in: Hbl. 9.5. 1928 (12 S., nicht numeriert),
Deutung des FN *Steggewentze*. Enthält PN und mehrere Flurn., die in Grenzbeschreibungen des Schüttorfer Landes genannt werden.

+ 68 EDEL, L. : "Das Bürgerbuch der Stadt Nordhorn", in: Hbl. 11 (1.12.1928), 161-164; 12 (2.2.1929), 179-188; 13 (24.8.1929), 202-208.
Setzt 1740 ein und geht bis 1821. Enthält zahlreiche PN (ohne alphabetisches Register); überholt durch die Veröffentlichung von H. Specht (s. Nr. 107).

69 N. N. : "Namen und Herkunft der Nordhorner Bürger", in: Grafschafter Heimatkalender 3 (1928), 64-68.
Kurze Einleitung über die Arten der Namengebung mit Verzeichnis der Bürger, die im 17.-19. Jh. das Bürgerrecht der Stadt Nordhorn erwarben.

70 SNUIF, C. J. : "De gewaarde erven in het kerspel van Enschede", in: NGN 6 (1928), 131-168.
Ausführliches Verzeichnis der alten Hofnamen im Kirchspiel Enschede. Bei den einzelnen Namen werden alte Belege mit Quellenangaben sowie Besonderheiten über die Geschichte des betreffenden Hofes aufgeführt; die Namen werden nicht gedeutet. In einer knappen Einleitung wird eine Übersicht über die Quellen und über die Art der Namengebung um Enschede gegeben.

71 BREMER : "Alte Gronauer Flurnamen", in: Gronauer Nachrichten (18.1.1929).
Verzeichnis von 41 Namen mit Deutung und vereinzelten Quellenangaben.

72 N. N. : "Die Bauerschaft Wengsel", in: Hbl. 12 (2.2.1929), 188-190.
Enthält einige PN, die gedeutet werden.

73 BEETS, A. : "De vorm (uitspraak) van den plaatsnaam *Enschede* buiten Twente", in: NGN 7 (1930), 95.
Die heutige Form der Aussprache des ON *Enschedé* (mit Betonung der letzten Silbe) ist älter als früher vermutet wurde. Beets

weist nach, daß diese Aussprache schon 1597 bestanden haben muß, denn in einem Geusenlied aus diesem Jahr reimt sich *Enschede* auf *mee*.

+ 74 EDEL, L. : "Im alten Schüttorf", in: Hbl. 14 (19.7.1930), 213-217.
Enthält eine ausführliche Einwohnerliste aus dem Jahr 1630.

75 KERKELING, H. : "Die Flurnamen von Wessendorf", in: Heimatkalender für die Herrlichkeit Lembeck 6 (1930), 97-101.
Nach Gestalt, Lage usw. der Fluren geordnetes Flurnamenverzeichnis (rund 200 Namen) mit Deutungsversuchen.

+ 76 LÖFFLER, Klemens : Quellen zur Geschichte des Augustinerchorherrenstifts Frenswegen (Windesheimer Kongregation). (Veröffentlichungen der Historischen Kommission des Provinzialinstitutes für Westfälische Landes- und Volkskunde). Soest 1930. 44 + 347 S.
Dieses Quellenwerk ist mit einem Register der PN und ON versehen.

77 MOERMAN, H. J. : "Oostnederlandsche Plaatsnamen", in: NGN 7 (1930), 1-49.
Moerman erklärt Bestandteile, die in ostniederländischen Siedlungs- und Flurnamen häufig auftreten. Er hat sich dabei hauptsächlich auf Overijssel und die Veluwe beschränkt; die nördlichen ostnl. Provinzen (Friesland, Groningen, Drente) sind nicht oder kaum durch Namen vertreten. Für die Twente und den Achterhoek hat er umfassendes Material gesammelt. Für diese Gegenden kann Moermans Beitrag als das ostniederländische Gegenstück von Jellinghaus' "Die westfälischen Ortsnamen" gelten. - Das Material wurde eingeteilt in Naturnamen (nacheinander werden behandelt: Bezeichnungen für hohe und niedrige Lage, Namengebung nach der Pflanzendecke, Bezeichnungen für Sümpfe, Grasland, Ödland, Gewässer und Land am Wasser) und Kulturnamen (PN in ON, Bezeichnungen für Kulturland, Rodungen, Umzäunungen usw.).

78 N. N. : "Wilsum", in: Grafschafter Heimat-Kalender 5 (1930), 73-78.
Der ON *Wilsum* wird als 'Heim des Wil(s)' erklärt.

+ 79 N. N. : "Die Grundbesitzer von Emlichheim um 1656", in: Hbl. 15 (14.2.1931), 231-235.
Alphabetisches Verzeichnis von PN aus einem Lagerbuch von ca. 1656.

80 EDEL, L. : "Enteignete Ortsnamen (Uelsen, Nordhorn, Schüttorf)", in: Grafschafter Heimat-Kalender 7 (1932), 35.
Notiz über ein paar ON, die heute nicht mehr genau das gleiche Gebiet bezeichnen, für das sie ehemals verwendet wurden.

81 MOERMAN, H. J. : "Eenige geographische namen met het collectiesuffix *-t*", in: NGN 8 (1932), 84-86.
Bei der Behandlung des Suffixes *-t* bespricht Moerman auch den Flußnamen *Reest* und den sprachlich dazugehörenden ON *Avereest*.

82 MOERMAN, H. J. : "Flesch", in: NGN 8 (1932), 82-83.
Moerman geht der Verbreitung des Namenwortes *flesch* 'Tümpel' nach, das vereinzelt auch im Achterhoek vorkommt.

83 N. N. : "Die Namen der Wasserläufe in der Grafschaft Bentheim", in: Grafschafter Heimatkalender 8 (1933), 33-34.
Die Namen *Aa*, *Lee*, *Dinkel* und *Vechte* werden ohne Berücksichtigung urkundlicher Überlieferung großenteils phantasievoll gedeutet.

+ 84 SKUTELLA, Martin : Die Lingener Abiturienten 1832-1933. Lingen (Ems) 1933. 97 S.
PN-Verzeichnis.

+ 85 DÖHMANN, Karl (unter Mitarbeit von W. H. Dingeldein) : Singraven. De geschiedenis van een Twentsche Havezate. 4 Bde. Brüssel 1934. 252, 268, 286. 325 S. Mit zahlr. Abb.
Diese prachtvoll ausgestattete Geschichte eines adligen Gutes enthält zahlreiche Flurnamen sowie ON und PN, auch aus der benachbarten Grafschaft Bentheim.
Rez. : N. N., in: Bentheimer Heimatbote 2 (1936), 71-72. - G. J. ter Kuile, in: Tijdschrift voor Rechtsgeschiedenis 15 (1939), 264.

86 GEERINK, G. : "Einiges über Bauernfamilien im Kirchspiel Uelsen", in: Das Bentheimer Land IX (1934), 100-104.
Geerink führt mehrere Hofnamen auf (ohne

Deutung) und bespricht vor allem das Verschwinden alter Hofnamen.

87 KÜHLE, E. : "Die Eschflur unserer Heimat", in: Das Bentheimer Land IX (1934), 40-47.
Genaue geographische Beschreibung einiger Eschfluren im Bentheimer Land. Bei der Beschreibung einzelner Teile der Eschflur werden gelegentlich Flurnamen erwähnt.

88 PRAKKEN, J. : "De *Esch* te *Enter*", in: NGN 9 (1934), 117-132 (mit 1 Karte).
In Enter (südwestlich von Almelo) gibt es eine ausgedehnte, hochgelegene Eschflur, die aus mehreren Gewannen mit Langstreifenäckern besteht. Nach einigen Erörterungen über die Entstehung des auf einer Katasterkarte von 1832 überlieferten Flurbildes bespricht Prakken die Lage und Namen von 63 Fluren, die Teilgebiete des *Esch* bezeichnen.

89 SCHILFGAARDE, A. P. VAN : "Brobantia-Gendringen", in: Gelre 37 (1934), 227-229.
Der Verfasser weist aufgrund von Quellen nach, daß mit dem im 12. Jh. genannten ON *Brobantia* das heutige Gendringen gemeint ist.

90 SPECHT, Heinrich : Heimatkunde eines Grenzkreises (= Das Bentheimer Land VIII). Nordhorn/Neuenhaus 1934. 236 S.
Auf S. 148 wird kurz über einige Namen in der Grafschaft Bentheim geplaudert, wobei allerlei Fehlinterpretationen gegeben werden (der FN *Horstmann* soll auf Pferdezucht hinweisen!). Wichtiger ist ein Ortsverzeichnis für die Grafschaft (S. 177-206), in dem alte Belege (jedoch ohne Quellenangaben) und Deutungen der ON aufgeführt werden. Die Deutungen stimmen meist mit denen von Abels (s. Nr. 63) überein.

91 SUDENDORF, Julius : "Die Bauerschaft Hilten mit dem Hünenberge", in: Das Bentheimer Land IX (1934), 90-91.
Sudendorf beschreibt phantasievoll den *Hünenberg* und deutet den Namen *Hilten* als "Kriegsheim".

92 WEDEWEN, L. : "Bentheimer Straßennamen", in: Das Bentheimer Land IX (1934), 65-68.
Verzeichnis und Erörterung Bentheimer Stra-

ßennamen. Die Deutungen sind (abgesehen von *Katthagen*) einleuchtend.

+ 93 WELLMANN, H. : "Mehringer Flurnamen", in: H. Wellmann, Die Bauerschaft Mehringen a.d. Ems und Umgegend des Kirchspiels Emsbüren im Kreise Lingen (Ems). Lingen (Ems) 1934, 113-118.

Flurnamenverzeichnis ohne Deutung.

+ 94 KÜHLE, E. : "Die Flurnamen der Bauerschaft Hesepe", in: Bentheimer Heimatbote 1935, 3-5.

Sammlung der Flurn. von Hesepe; auf die Deutung der einzelnen Namen wird nur gelegentlich eingegangen; wohl werden sie geordnet nach ihrer Bedeutung (Gestalt und Form, Tierwelt, Wasser, Einfriedigung usw.).

95 PRAKKEN, J. : "De kaart van Kedingen", in: VORG 52 (1936), 125-145. Mit 5 Karten.

Kedingen ist ein alter Twenter Gerichtsbezirk (die Gegend um Rijsen, Goor, Wierden, Markelo). Prakken behandelt die Siedlungs- und Agrargeschichte der Dörfer Enter (vgl. dazu Nr. 88), Ypelo, Notter, Rektum und wertet dazu zahlreiche alte Flur- und Hofnamen aus. Auf den Karten wird die Lage der genannten Fluren angegeben.

96 SCHNEIDER, Heinrich : Die Ortschaften der Provinz Westfalen bis zum Jahre 1300 nach urkundlichen Zeugnissen und geschichtlichen Nachrichten. (= Münstersche Beiträge zur Geschichtsforschung. III. Folge, XII. Heft). Münster 1936. VIII + 146 S.

Rez.: Th. Schieffer, in: Dt. Archiv für Geschichte des Mittelalters I (1937), 520-521.

97 BEZOEN, H. L. : "De akkernaam *Fekkenstuk* en zijn verwanten", in: TNTL 56 (1937), 225-233 (mit 1 Abb.).

Der in Twente (in Usselo und Honesch) vorkommende Flurn. *Fekkenstuk* geht wie das Appellativum *fekken* (trapezförmiges Abschlußbrett des Ackerwagens) auf as. *fak*, in der Diminutivform as. *fakîn* > *feken* (Flechtwerk) zurück und weist darauf hin, daß dieser Acker früher von einem Flechtzaun umgeben war. Auch das Abschlußbrett des Ackerwagens bestand früher aus Flechtwerk.

98 SCHLIKKER, F. W. : "Flurnamen der Stadt und Feldmark Schüttorf", in: Bentheimer Heimatbote 3 (1937), 104-134.

Der wissenschaftlich brauchbare Beitrag umfaßt:

1. Eine alphabetisch geordnete Flurnamenliste mit 155 Nummern. Bei den einzelnen Namen werden urkundliche Belege aufgeführt; meistens wird der Name auch in knapper Form gedeutet. Zwei Karten (mit Nummern) ermöglichen die Lokalisierung der Namen.
2. Eine "Geschichte der Stadt Schüttorf, soweit sie in den Flurnamen fortlebt". Hier wird der ON *Schüttorf* gedeutet und die Entwicklung der Stadt anhand der Flurn. geschildert; so erscheinen letztere in ihrem Zusammenhang, was ihre Bedeutung und Funktion klar hervortreten läßt.

Rez.: H. Beschorner, in: Nachrichtenblatt für deutsche Flurnamenkunde 9 (1940), 6-8.

99 SCHWEER, H. A. : "Etwas über Grafschafter Vornamen", in: Bentheimer Heimatkalender 1937, 76-80.

Verzeichnis von Knaben- und Mädchennamen, die für die Grafschaft Bentheim typisch sind. Hinzugefügt ist eine geographisch geordnete Statistik über den Gebrauch echter Grafschafter bzw. "deutscher" Namen im Bentheimischen.

+ 100 FORMSMA, W.J. : De oude archieven van Oldenzaal. Oldenzaal 1938. 114 S. und 1 Karte.

In diesem für die Namenforschung wichtigen Verzeichnis der in Oldenzaal befindlichen Quellen, wird der Inhalt der Urkunden bzw. Akten zusammengefaßt, wobei die in den Quellen vorkommenden Namen in ihrer überlieferten Form wiedergegeben werden. Vgl. dazu die andere Quellensammlung von Formsma (s. Nr. 109).

101 HEIDEBRINCK, Bernhard : "Namenkunde des Kreises Ahaus", in: Karl Lindemann und Heinrich Brambrink (Hg.): Kreis Ahaus. Vom Werden unserer Heimat. Gelsenkirchen 1938, 467-502.

Heidebrinck deutet zunächst einige Völkernamen (*Germanen, Deutsche, Sachsen, Franken, Brukterer, Chamaven*) ohne wissenschaftliche Begründung. In einem zweiten Abschnitt kommen die Flußnamen *Berkel*, *Dinkel* und *Vechte* an die Reihe, von denen Heidebrinck ohne stichhaltige Gründe annimmt, daß sie früher alle *Aa* geheißen haben. In einem weiteren Abschnitt werden einige Orts-, Bauerschafts- und Flurnamen in unsystematischer Weise mit gelegentlichen Belegen (ohne Quellenangaben) erörtert; wenn es sich nicht um allgemein bekannte Namenbestandteile handelt, sind die Deutungen oft phantasievoll. Der ausführliche Abschnitt über PN handelt ganz allgemein über deutsche Vor- und Familiennamen und berücksichtigt keineswegs speziell den Kreis Ahaus. Für die Namenforschung ist dieser Beitrag wertlos. - Im Anschluß an seinen namenkundlichen Teil bringt der Aufsatz auf S. 498-501 eine Liste von 23 alten nd. Wörtern, die von Mundartsprechern kaum noch verstanden werden, 8 lateinischen und 11 angeblich französischen Lehnwörtern. Von letzteren sind mit Sicherheit *Pütt* als altes romanisches Lehnwort und *Ledekant* als über das Nl. entlehnt festzustellen.

102 NIEMEIER, Georg : "Fragen der Flur- und Siedlungsformenforschung im Westmünsterland", in: WF 1 (1938), 124-142. Mit 1 Karte.
"Die äußerst gediegene und aufschlußreiche Arbeit kommt mittelbar auch für die Flurnamenforschung in Frage; vgl. S. 128 ff. die Angaben über E s c h, F e l d, D i l l e, B e r g, K a m p usw. als Flurn. und die vielen Flurn. auf den eingedruckten Flurkarten" (Beschorner).

103 SAGER, L. : "Neuenhaus. Flurnamen und Geschichte", in: Grafschafter Heimatkalender 1939 (= Das Bentheimer Land 15), Bentheim 1938, 73-77.
Der Aufsatz bringt anhand der Erklärung einer Reihe von Flurnamen lokalgeschichtliche Besonderheiten.

104 BREMER, H. : Gronau und Epe. Landschaft, Geschichte, Volkstum. Gronau (Westf.) 1939.
Enthält zahlreiche Hofnamen, u.a. ein "Hofesregister von Epe vom Jahre 1679".

105 KEUPER, D. H. : "Volkskunde uit den Achterhoek", in: Saxo-Frisia 1 (1939), 44-47 und 93-96.
Keuper deutet hier von seiner Kenntnis der Mundart aus, ohne Vollständigkeit erstre-

ben zu wollen und ohne historische Belege, eine Reihe von PN, Hof- und Flurnamen.

106 PRAKKEN, J. : "Plaatsnamen met het bestanddeel 'wijk'", in: Bijdragen en Mededeelingen Openlucht Museum, 2. Serie (1939), 25-30.
Überholt durch Prakkens 1954 erschienenen Beitrag über dasselbe Wort (s. Nr. 186).

+ 107 SPECHT, H. : Bürgerbücher der Stadt Nordhorn von 1396-1913 (= Das Bentheimer Land 18). Bentheim 1939. 144 S., 5 Abb.
Vorzüglich herausgegebenes Quellenmaterial, das fast ausschließlich aus Namen besteht. Specht veröffentlicht drei Bürgerbücher mit insgesamt mehreren Tausend PN.

+ 108 SPECHT, H. : Quellen zu einer Geschichte der Stadt Schüttorf. Repertorium des Stadtarchivs. Schüttorfer Akten im Osnabrücker Staatsarchiv (= Das Bentheimer Land 17). Nordhorn 1939. 98 S.
Diesem Akten- und Quellenverzeichnis, in dem der Inhalt der Akten mit Erwähnung von PN und ON in ihrer überlieferten Form zusammengefaßt wird, kommt besondere Bedeutung zu, da die Bestände des Schüttorfer Stadtarchivs im Zweiten Weltkrieg vernichtet wurden. Specht hat ein alphabetisches Personenregister hinzugefügt.

+ 109 FORMSMA, W. J. : De archivalia van de Oldenzaalsche Oudheidkamer. Oldenzaal 1940. 89 S.
Vgl. Nr. 100. Ergänzungen zu diesem Quellenverzeichnis verfaßte B. H. Hommen; sie erschienen 1943 und 1958 im selben Verlag.

110 LEYDEN, F. : "De Hessenwegen en hun beteekenis voor den plattegrond der IJselsteden", in: VORG 56 (1940), 52-70.
Leyden leitet den Namen *Hessenweg* von den hessischen Kaufleuten ab, äußert jedoch Bedenken, weil der Name östlich von Bentheim nicht mehr vorkomme.

+ 111 SCHULTE, Anton : "Alte Münsterländer Gasthausnamen", in: Münsterländer Heimatkalender 3 (1940), 84-95.
Nach Kreisen und Gemeinden geordnetes Verzeichnis der Gasthausnamen, die in einem Edikt von ca. 1765 überliefert sind. In einer Einleitung wird die Quelle erläutert und werden die wichtigsten Typen von Gast-

hausnamen besprochen. Es zeigt sich, daß das Pferd im Münsterland das beliebteste Wirtshauszeichen war.

+ 112 WEDEWEN, D. L. : Bürgerbuch der Stadt Bentheim (1632-1828) (= Das Bentheimer Land 24). Bentheim 1940. 70 S.
Das Bürgerbuch enthält Hunderte von PN. Wedewen hat ein alphabetisches PN-Register hinzugefügt.

113 BOS, A. : "De rivieren Regge en Slinge, de kanalen Bolksbeek, Schipbeek en Buurserbeek", in: De Navorscher 90 (1941), 170-188; 91 (1945-46), 95-97.
Handelt über einige Flußnamen im nl. Teil des UG.

+ 114 GRASWINCKEL, D. P. M. und HARDENBERG, H. : Het archief van het kasteel Rechteren. Zaltbommel 1941. 540 S. Mit 1 Stammtafel.
In vielen der hier abgedruckten Regesten tauchen ON und PN aus der Twente auf.

115 KREIKEN, E. : "Over namen op 'ink'. Friese invloeden in de Achterhoek", in: Noorderland 1 (1941), 316-317.
Schreibt die -*ink*-Namen friesischem Einfluß zu.

+ 116 PRINZ, Joseph : Das Lehnregister des Grafen Otto von Bentheim (1346-64). Osnabrück 1941. 132 S. (= Sonderdruck für den Bentheimer Heimatverein aus Bd. 60 (1940) der "Mitteilungen des Vereins für Geschichte und Landeskunde von Osnabrück").
Das Lehnregister enthält zahlreiche ON, PN und Hofnamen sowie einige Flurn. Prinz versucht, die im Register aufgeführten Höfe und Personen zu identifizieren und in anderen Quellen nachzuweisen. Ein Register der PN und ON ermöglicht ein rasches Auffinden der Namen.

117 RAKERS, Arnold : "Die Bedeutung des Namens Laarstraße in Nordhorn", in: Bentheimer Heimatkalender 1941 (= Das Bentheimer Land 26), 84-87.
Aufgrund der mundartlichen Aussprache *Laastroot* und des urkundlichen Belegs *laghestroet* (a. 1460) legt Rakers dar, daß der Name *Laarstraße* weder den ON *Laar* noch nd. *stroate* 'Straße' enthalten kann. Das

Grundwort deutet Rakers als 'Sumpf, Dikkicht' (vgl. den FN *Strootmann*); in dem Bestimmungswort sieht er nd. *lääch* 'niedrig', dessen Vokal sich nach Rakers wahrscheinlich unter nl. Einfluß zu *ā* entwikkelt hat.

118 SPECHT, Heinrich : Nordhorn. Geschichte einer Grenzstadt. Nordhorn 1941. 419 S.
Auf S. 30-32 behandelt Specht die verschiedenen Deutungen, die für den ON *Nordhorn* vorgeschlagen wurden.

\+ 119 DINGELDEIN, W. H. : Noord-Deurningen. Uit de geschiedenis van een Twentsche boerschop. X + 306 S. (Maschinenschrift), zahlreiche Karten. o.O., 1942.
Gründliche und auf umfangreichen Quellenstudien beruhende Geschichte der einzelnen Höfe der Bauerschaft Noord-Deurningen. In der Arbeit und in dem Anhang, der den Wortlaut der Quellen enthält, kommen zahllose Flur-, Hof- und PN vor. Die Lage der meisten geographischen Namen läßt sich auf den sorgfältigen Karten feststellen. Die Deutungen der Namen sind wohlerwogen und genügen allen wissenschaftlichen Ansprüchen. Ein Namenregister fehlt jedoch. - Ein Exemplar dieser schönen Arbeit befindet sich im Rijksmuseum Twente in Enschede.

120 DINGELDEIN, W. H. : "Over eenige goederen van het huis Ootmarsum", in: VORG 50 (1943), 17-50; 63 (1948), 93-122; 65 (1950), 169-195.
Auf umfassendem Quellenstudium beruhende Darstellung der Geschichte alter Ootmarsumer Höfe mit Erwähnung zahlreicher Hof- und PN. Ein alphabetisches Register fehlt.

\+ 121 FORMSMA, W. J. : Het oud-archief der gemeente Ootmarsum. Assen 1943. 144 S. Mit 1 Abb. und 1 Karte.
Enthält Inhaltsangaben der in Ootmarsum befindlichen Urkunden und Akten (14.-19. Jh.), wobei die zahlreichen PN in überlieferter Form wiedergegeben werden. Das Material aus dem 16. Jh. ist besonders umfangreich.

\+ 122 LEYDEN, F. : "Plaatsnamen op -ingen en -hem in Gelderland", in: Gelre 47 (1944), 87-103. Mit 1 Karte.
Der Aufsatz enthält ein Verzeichnis der

gelderländischen ON auf *-ingen* und *-hem* mit historischen Belegen und Quellenangaben. Die Namen werden nicht gedeutet, enthalten nach Leyden jedoch in der Regel einen germ. PN. Leyden untersucht auch die geographische Verbreitung der besprochenen Namen und stellt fest, daß sie im Tal der IJssel und des Rheins eher selten sind, was der sumpfigen Bodenbeschaffenheit dieser beiden Landschaften im Frühmittelalter zuzuschreiben sei. Die besprochenen Namen müßten folglich alt sein, da sie Fluren, die seit langer Zeit trocken sind, bezeichneten. Vgl. die Kritik von Slicher van Bath: Nr. 129.

+ 123 SLICHER VAN BATH, B.H. : Mensch en Land in de Middeleeuwen. Bijdrage tot een geschiedenis der nederzettingen in Oostelijk Nederland. 2 Bde. Assen 1944. 313, 307 S., 7 Karten.
Dieses wichtige Werk beschreibt die Siedlungsgeschichte der ostnl. Provinzen Drente, Overijssel und Gelderland östlich der IJsel sowie der heute zu Niedersachsen gehörenden "Marken" Emlichheim, Veldhausen und Uelsen. Die SN werden gründlich ausgewertet, besonders was die Twente anbetrifft. Im 4. Kapitel des 2. Bandes wird ein Überblick über den Namenschatz einschließlich der Flurn. gegeben. Dabei wird versucht, die Namen chronologisch in vier Gruppen zu ordnen. Bei der Untersuchung der Frage, ob bestimmte Namenbestandteile mit bestimmten Volksstämmen verbunden werden könnten, meint Slicher van Bath wohl einen friesisch-holländischen sowie einen fränkischen Einfluß zu erkennen, während er sächsischen Einfluß in Frage stellt. In dieser Hinsicht wird man dem Verfasser nicht mehr beipflichten können, da der Namenschatz etwa der Twente mit den niedersächsischen und westfälischen Namen eine überaus enge Verwandtschaft aufweist. Slicher van Baths Auffassung, nach der die östlichen Niederlande namenkundlich von den östlich angrenzenden Gebieten zu trennen seien, ist nicht haltbar, wie neuere Materialsammlungen immer wieder zeigen. Gegen Slicher van Bath wandten sich in dieser Hinsicht denn auch Schönfeld und Moerman (vgl. dazu Miedema in MVN 39 (1963), 51; dort werden auch Slicher van Baths Ergebnisse zusammengefaßt). - Seiner Schlußfolgerung, daß es metho-

disch fehl am Platze sei, mit Hilfe von allerhand Wissenschaftszweigen die Grenzen der alten germanischen Stammesgebiete zu rekonstruieren, wird man jedoch nur zustimmen können, da der Begriff "Stamm" ja nicht einmal fest umrissen ist. - Als Material besonders wertvoll sind die den beiden Bänden beigegebenen Verzeichnisse, vor allem die 93 Seiten umfassende Liste der vor 1500 überlieferten Orts- und Hofnamen, in der auch zahlreiche historische Belege aufgeführt werden. Vgl. Nr. 127, 204.

Rez.: G. J. ter Kuile, in: Bijdragen voor de geschiedenis der Nederlanden I (1946), 147-149. - H. Draye, in: MVN 23 (1947), 57-64 und 24 (1948), 5-20 ("Toponymie en geschiedenis. Beschouwingen bij B. H. Slicher van Bath, Mensch en land in de Middeleeuwen").

124 GEERDINK, J. G. : Kroniek van De Lutte. o.O., o.J. (Oldenzaal 1945).

Enthält historische Belege von Flur- und Hofnamen.

125 MOERMAN, H. J. : "Plaatsnamen op *-ink* in het Oosten van Nederland", in: Tijdschrift van het Koninklijk Nederlandsch Aardrijkskundig Genootschap. Tweede Reeks, 62 (1945), 53-70. Mit 1 Karte.

Moerman beschränkt seine Untersuchung auf die Provinzen Overijssel und Gelderland. Innerhalb der *-inc*-Namen unterscheidet er je nach der Bedeutung des Wortes, dem das Suffix *-inc* angehängt wurde, mehrere Gruppen: Namen mit "Naturwörtern" (*Wuestinc*), Namen mit Hinweisen auf Begriffe der Verwaltung, Rechtsprechung, Kirche usw. (*Tyginc*), die große Gruppe der alten PN (Vollformen, Kurz- und Kosenamen). Weiterhin behandelt er die Westgrenze der *-inc*-Namen, die sächsischen *-inc*-Namen in England, einige verwandte Formen (*-ingen*, *inghem* usw.) und das Alter der *-inc*-Namen; zu dem letzten Punkt referiert er Ansichten mehrerer Namenforscher. Die große Karte mit ausgeschriebenen Belegen zeigt deutlich die Verbreitung der *-inc*-Namen; Moerman weist auch darauf hin, daß dieser Namentyp weiter östlich im Bereich der deutschen Standardsprache seine Fortsetzung findet.

126 GRÄVEMÄTER, G. und B. : "Die bäuerlichen Haus- und Familiennamen im Kirchspiel Gildehaus bis 1720", in: Bentheimer Jahrbuch 1946, 57-70.
Ausführliches, nach Ortschaften geordnetes Verzeichnis der Hof- und FN. Zu jedem Namen wird die urkundliche Überlieferung (mit Jahreszahl) angegeben. Es werden auch jeweils eine oder mehrere Deutungsmöglichkeiten aufgeführt, die den bekannten Namenbüchern (Brechenmacher usw.) entnommen wurden.

127 SCHÖNFELD, M. : "Saksen en Saksisch", in: Nieuwe Taalgids 39 (1946), 110-112.
Verteidigt den Begriff "sächsisch" für die Sprache der nordöstlichen Niederlande gegen Slicher van Bath (s. Nr. 123). Betont die sprachliche Einheit des Gebietes diesseits und jenseits der dt.-nl. Staatsgrenze.

128 SLICHER VAN BATH, B. H. : "Geschiedenis van de nederzettingen in de graafschap Zutfen", in: Gelre 48 (1946), 28-83. Mit 7 Karten.
Siedlungsgeschichte unter Berücksichtigung der ON. Slicher van Bath hat dasselbe Thema 1949 (s. Nr. 139) noch einmal behandelt und hat dabei noch zahlreichere ON herangezogen.

129 SLICHER VAN BATH, B. H. : "Opmerkingen over de plaatsnamen op -ingen en -hem in Gelderland", in: Gelre 48 (1946), 84-89.
Kritisiert Leyden (s. Nr. 122), der nur veraltete Quellenausgaben benutzt und einige Quellen unberücksichtigt gelassen habe. Slicher van Bath veröffentlicht eine Liste mit Verbesserungen und betont, daß nicht alle auf *-ing(en)* endenden Namen germ. seien (z.B. *Jacobinc*) und daß es in Drente junge *-ingen*-Namen gebe.

130 HULSHOF, H. J. : "De bereiding van houtskool in de Achterhoek", in: Landbouwkundig Tijdschrift 59 (1947), 261-263.
Hier erwähnte Ortsbezeichnungen wie *koolstee, koolhoek* sind z. T. auf die früher verbreitete Köhlerei zurückzuführen.

131 KUILE, G. J. TER : "'De Groote Scheere' in het landschap", in: Overijssel. Jaarboek voor cultuur en historie 2 (1948), 57-64.

Auf S. 58 wird der Name des Landgutes *Groote Scheere* bei Gramsbergen gedeutet ('Land am Ufer' oder 'Weide'; letzteres ist wenig wahrscheinlich).

132 NAARDING, J. : De Drenten en hun taal. Terreinverkenningen inzake de dialectgeografie van Drente. Assen 1948. 219 S., 1 Karte.
In einem Abschnitt über "'Friezen' in Overijssel" behandelt Naarding auch Twenter Namen, in denen er Einfluß aus dem Norden (Friesland, Drente) zu erkennen meint. Er zieht dabei vor allem die Hofnamen auf *-man* heran. Da einige Namen aus den nördlichen Provinzen auch in Twente vorkommen, erwägt Naarding eine Ortsnamenwanderung in Richtung von Norden nach Süden.

133 WIJK, P. Vinc. VAN : Boerderijnamen. Over oorsprong, geschiedenis en betekenis. Tweede druk, Leiden 1948. 230 S. Zahlreiche Abb.
Van Wijk behandelt die verschiedenen Arten der Namengebung bei Hofnamen in den Niederlanden. Dabei wird den Hofnamen in der Twente besondere Aufmerksamkeit geschenkt. Dies ist vor allem der Fall im zweiten Kapitel, in dem die Hofnamen auf *-ink* behandelt werden.

134 KASPERS, Wilhelm : "Untersuchungen zu den politischen Ortsnamen des Frankenreichs", in: BNF 1 (1949-50), 209-247.
Auf S. 225-226 behandelt Kaspers eine Reihe von ON im Kreis Borken (*Reken*, *Heßling*, *Westrich*, *Oestrich* u.a.), die auf die planmäßige politische Namengebung z. Zt. des Frankenreichs zurückzuführen seien.

135 MOERMAN, H. J. : "Onze veldnamen", in: DBNS 1 (1949), 73-82.
Moerman gibt anläßlich der Veröffentlichung des Buches 'Veldnamen in Nederland' von M. Schönfeld einen Überblick über die nl. Flurn. Überdies geht er auf einige ostnl. Namenelemente (vor allem in Westerwolde) ein, die seiner Meinung nach auf westfälischen Einfluß zurückzuführen sind.

136 NIEMEIER, Georg : "Ortsnamen-Wüstungen", in: Deutsche Geographische Blätter 45 (1949), 25-36.
Handelt über das Verschwinden von ON im

Münsterland, wobei die Orte selbst jedoch nicht untergegangen sind. Gibt Beispiele u.a. aus dem Kreis Steinfurt. Vgl. Nr. 147.

137 NÖRRENBERG, Erich : "De oorsprong van het woord Helweg", in: DBNS 1 (1949), 106-107.
Nörrenberg deutet den umstrittenen Namen des durch die östlichen Niederlande und Westfalen führenden Helwegs im Anschluß an Neckels Erklärung (Nd. Jb. 53) als 'Leichenweg'. Vgl. dazu Nr. 210.

138 ROELOFS, G. : "Vriezenveense bijnamen", in: DBNS 1 (1949), 14.
Roelofs weist auf die Tatsache hin, daß die meisten Familien in Vriezenveen einen Beinamen tragen und gibt einige Beispiele dafür.

139 SLICHER VAN BATH, B. H. : "Nederzettingen in de Graafschap Zutfen", in: B. H. Slicher van Bath: Herschreven Historie. Schetsen en Studiën op het gebied der middeleeuwse geschiedenis (1949), 118-165. Mit 7 Karten.
Slicher van Bath widmet in seiner Siedlungsgeschichte der Grafschaft Zutphen, wozu auch der Achterhoek gehört, den ON besondere Aufmerksamkeit. Man wird ihm nicht beipflichten können, wenn er ohne Bedenken ganze Reihen von Namenbestandteilen mit bestimmten Siedlungsperioden verbinden will; so werden *-veld*, *-heim*, *-roden*, *-apa* (!) usw. der "dritten" Siedlungsperiode (8.-10. Jh.) zugeschrieben, während echte Naturnamen wie *-beek*, *-wold*, *-horst*, aber auch *-stede* und *-wijk* zur vierten Siedlungsperiode gehören sollen.

140 SLICHER VAN BATH, B. H. : "Pierik", in: DBNS 1 (1949), 108-110.
Der u.a. im Achterhoek auftauchende Name *Pierik* wird aufgrund eines neu entdeckten Belegs als 'tiefgelegenes Land, Sumpf' erklärt. Die Deutung wird bestätigt durch W. H. Dingeldein (s. Nr. 141), der allerdings die alte Erklärung 'umzäunter Raum' (nl. *perk*) nicht ganz von der Hand weisen will. Erich Nörrenberg (s. Nr. 148) steuert einige Belege aus dem deutschen appellativischen Wortschatz bei und verteidigt die Deutung 'umzäuntes Land'. Vgl. zu

diesem Flurn. auch J. Naarding in DBNS 6 (1954), 3.

141 DINGELDEIN, W. H. : "Pierik", in: DBNS 2 (1950), 16.
Siehe dazu Nr. 140.

142 DINGELDEIN, W. H. : "Maalland", in: DBNS 2 (1950), 18.
Kurze Notiz über den dunklen Flurnamen *Maalland*, der in Twente öfters auftaucht.

143 DINGELDEIN, W. H. : "Helwegen", in: DBNS 2 (1950), 20.
Ein Beleg vom Jahre 1438 handelt über den *Helweg* in Ootmarsum.

144 DINGELDEIN, W. H. : "Amer - Hamer", in: DBNS 2 (1950), 73.
Der Flurn. *Amer* kommt nicht nur im nd. Sprachgebiet, sondern auch in Twente vor. Die von Jellinghaus vorgeschlagene Deutung 'Dinkel' wird für die Twente mit Recht angezweifelt, ohne daß eine neue Erklärung gegeben wird.

145 DINGELDEIN, W. H. : "Anewende - Haanweide", in: DBNS 2 (1950), 73-74.
Dingeldein führt u.a. für die Twente einige Belege an, die zeigen, daß *Anewende* 'Wendeacker' öfters zu *Haanweid* o. dgl. entstellt wurde. Eine Ergänzung bringt Dingeldein in DBNS 3 (1951), 16.

146 MOERMAN, H. J. : Oostnederlandse Persoonsnamen. De Vechtstreek in Overijsel (± 1400-1429) (= Onomastica Neerlandica. Anthroponymica. III). Leuven - Brussel 1950. 23 S.
Das Untersuchungsgebiet von Moerman umfaßt die Kirchspiele Dalfsen, Ommen und Hardenberg (mit Gramsbergen) und berührt somit die nordwestliche Twente. Das Material wurde Verzeichnissen aus der Zeit um 1400 und 1429 entnommen. Die größte Gruppe bilden die FN auf *-inc*; dann werden nacheinander behandelt: die FN auf *-hof* bzw. *hove*, FN mit Präpositionen (*in*, *op*, *te*), FN mit den GW *-huys* bzw. *-man*, die Beinamen und schließlich auch einige Vornamen.

147 NIEMEIER, G. : "Die kulturgeographische Fundierung der Ortsnamenforschung, vornehmlich am Beispiel westfälischer Ortsnamenwandlun-

gen", in: Erdkunde 4 (1950), 163-177. Mit 2 Abb.

Methodisch bedeutender Aufsatz, der am Beispiel von ON-Wandlungen zeigen will, "daß durch eine gesamtgeographische Grundlegung eine Erweiterung und Verfeinerung der Ergebnisse in der ON-Forschung zu erzielen ist" (S. 163). Eine gesamtgeographische Analyse schließt die Auswertung der Untersuchungen hinsichtlich Relief, Lage, Böden, Pflanzengesellschaften, Flur- und Ortsformen, ON, urgeschichtlicher Zeugnisse usw. ein. - Niemeier schätzt, daß 10 bis 15% der Orte des Münsterlandes im Laufe der Zeit umbenannt wurden. Er erforscht die Gründe, die zur Umbenennung geführt haben können und demonstriert seine Methode am Beispiel der alten Eschsiedlung mit jungem Namen *Dernekamp*, die in den "Schatten" des Kirchortes Dülmen geraten ist. Der alte Name *Dülmen* habe ursprünglich die heutige Siedlung *Dernekamp* bezeichnet; als jedoch am Rande der alten Eschsiedlung ein Kirchort entstand, der immer an Bedeutung gewann, habe dieser Kirchort den Namen *Dülmen* bekommen, so daß die Eschsiedlung neu habe benannt werden müssen. Als weiteres Beispiel behandelt Niemeier den ON *Legden* (Kreis Ahaus), bei dem sich ebenfalls eine Divergenz zwischen ON-Typ und Siedlungstyp feststellen läßt. In diesem Zusammenhang erörtert Niemeier noch Lage, Siedlungstyp und Namen der folgenden Siedlungen unseres UG: *Averbeck, Wessum, Gölenkamp, Emlichheim, Krückling* (Kr. Borken), *Herdmershook* und *Sükerhook* (Kr. Coesfeld). - Vgl. über diesen Aufsatz W. Foerste in WF 6 (1943-52), 232.

148 NÖRRENBERG, Erich : "Pierik", in: DBNS 2 (1950), 16-18.

Siehe dazu Nr. 140.

149 BECKER, Klemens : "Die Straßen im alten Bocholt", in: Unser Bocholt 2 (1951), 56-57.

Historische Angaben über Bocholter Straßen und Deutung der Namen.

150 BURHOFF, Paul : "Was sagen uns die Borkener Straßennamen", in: Heimatkalender des Landkreises Borken 9 (1951), 36-40.

Erklärung der Borkener Straßennamen; die

Problematik schwieriger Namen wird übergangen.

151 DINGELDEIN, W. H. : Acht eeuwen Stift Weerselo 1150-1950. Enschede 1951. 115 S. Mit 23 Abb.
Enthält Hofnamen mit historischen Belegen. Vgl. Nr. 152.

152 DINGELDEIN, W. H. : "De goederen van het stift Weerselo", in: VORG 66 (1951), 141-182.
Enthält zahlreiche Hofnamen (15. und 16. Jh.) und auch mehrere Flurnamen.

153 DINGELDEIN, W. H. : "De veldnaam Hach", in: DBNS 3 (1951), 61-62.
Den in und um Twente häufiger auftretenden Flurnamenbestandteil *hach* deutet Dingeldein als 'abgetrenntes Flurstück'. Er bringt das Wort in Zusammenhang mit einem bei Kiliaan überlieferten *hachte* 'Einkerbung, abgetrenntes Stück' und mit dem in der Nordosttwente gebräuchlichen *hach* 'Baumstamm'.

154 H. J. : "Oude namen in Vriezenveen", in: Tubantia (17.11.1951).
Deutung einer Reihe von Flurn.

155 KUBISCH, Emil : "Germanische Kultstätten in der Landschaft um Borken", in: Heimatkalender des Landkreises Borken 9 (1951), 17-22.
Kubisch behaldelt die "Stätten" *Homborn*, *Lünsberg*, *Wasserberg* (wird gedeutet als 'Wodansberg'), *Freckenhuesen*, *Düvelsteene* und versucht diese und andere Flurn. der Umgebung zu deuten.

156 MEYER, Heinrich : "Die Bedeutung der Flurnamen für die Ortsgeschichte", in: Lingener Heimatkalender 1951, 51-53.
Plauderei über einige Lingener Flurn., von denen die meisten (*Esch*, *Schwedenschanze* usw.) in weiten Gegenden verbreitet sind.

157 N. N. : "Tubbergen en zijn bewoners. Over familie-, huis- en veldnamen".
Unter dem obengenannten Titel wurden vom Juni bis zum September 1951 in der Zeitung "Twentsche Courant" etwa acht namenkundliche Beiträge veröffentlicht. Sowohl

PN als Flurn. in Tubbergen wurden behandelt.

158 SAGER, L. : "Grafschafter Hofnamen", in: Grafschafter Nachrichten (1.4.1951 und 3.4. 1951).
Erörterung einiger häufig auftretender Hofnamen.

159 SCHÖNFELD, M. : "De Overijselse Vecht", in: DBNS 3 (1951), 8-14.
Schönfeld behandelt 53 Namen von Windungen, Wasserstrudeln u.ä. der in der Grafschaft Bentheim entspringenden und durch Overijssel fließenden *Vecht*. Ergänzungen bringt Schönfeld in DBNS 3 (1951), 122-124.

+ 160 SEPPELER, Georg : "Bocholter Familiennamen", in: Unser Bocholt 2 (1951), 198-201, 223-225, 245-248.
Alphabetisches Verzeichnis Bocholter FN. Historische Belege werden gelegentlich aufgeführt (ohne Quellenangaben). Die Namen werden auf knappe Weise gedeutet; auf irgendeine sprachliche Problematik wird niemals eingegangen.

+ 161 SPECHT, Heinrich : Kloster und Stift Wietmarschen. Eine Siedlung am Südrande des Bourtanger Hochmoores. Nordhorn 1951. 206 S., 8 Abb.
In dem Buch werden viele Urkunden und Akten mit zahlreichen Flur- und Hofnamen veröffentlicht.

162 DINGELDEIN, W. H. : "Hoog en Laag in Boerderij- en Veldnamen", in: DBNS 4 (1952), 39-44.
Zahlreiche Orts- und Flurn. in und um Twente sind mit *hō* (in gebeugten Formen *hon* bzw. *han*) 'hoch' oder mit *syde* 'niedrig' zusammengesetzt. Dingeldein hat sein Material, zu dem sich z.B. in Westfalen und Niedersachsen zahlreiche Entsprechungen anführen ließen, aus Urkundenbüchern gesammelt.

163 DINGELDEIN, W. H. : "Veld- en boerderijnamen in Twente", in: Tubantia (15.2.1952).
Deutung von Flur- und Hofnamen, die in der Twente häufig auftreten.

164 ECKELT, Herbert : "Ein alter Straßenname in Borken", in: Heimatkalender des Landkreises

Borken 10 (1952), 52.
Wenig überzeugende Deutung des Straßennamens *Kattenborg*: Dort sollen 'Katzenköpfe' (Steine) zur Verteidigung der Stadt gelegen haben.

165 MEIER, Hermann : "Altdeutsche Vornamen im Kirchspiel Lengerich auf Grund der Kirchenbücher von 1678-1800 gesammelt und erklärt", in: Lingener Heimatkalender 1952, 59-65.
Meier erklärt einige Lengericher Namen aufgrund des Förstemannschen Namenbuches.

166 N. N. : "800 Jahre Wietmarschen", in: Das Bentheimer Land. Bentheimer Heimatkalender 1952, 36-40.
Dieser Aufsatz enthält die Namen einiger Wietmarscher Höfe (mit urkundlichen Belegen und historischen Angaben) sowie einige Flurnamen.

167 SAGER, Ludwig : "Bischofspool", in: Das Bentheimer Land. Bentheimer Heimatkalender 1952, 63-64.
Sager erklärt die Namen *Hollandscher Kerkhoff* und *Bischofspool* im Zusammenhang mit historischen Ereignissen.

168 SCHUKNECHT, Franz : Ort und Flur in der Herrlichkeit Lembeck (= Westfälische geographische Studien 6). Münster 1952. Mit 23 Abb. im Text und 1 Karte im Anhang. 92 S.
Hauptanliegen von Schuknecht ist die Siedlungsgeographie (Bodenbeschaffenheit, politisch-administrative Entwicklung, Landwirtschaft, Parzellenformen, Flurtypen, Ortstypen, Gang der Besiedlung). In dem Abschnitt 'Die Flurnamen' findet man keine Flurnamenverzeichnisse, sondern einige Flurnamentypen, die jeweils mit der geographischen Lage in Verbindung gebracht werden. Interessant ist eine Tabelle (S. 39), in der dargestellt wird, welche Parzellennamen mit bestimmten Parzellentypen verbunden werden können. Schuknecht bespricht auch die ON (S. 65-75) und unterscheidet dabei Altnamen (vor 900 überliefert), Geländenamen (bis 1200 beurkundet), bezogene oder gelenkte Namen (von zentralen Orten beeinflußt) und Modenamen. Er behandelt bei jedem ON Orts- und Flurtyp, versucht die ON und die Entstehung der Siedlungen

zu datieren und zitiert alte Belege. Bei den Modenamen weist er auf nl. Einfluß hin (Bestandteil *hok*).

169 ZWEERINK, B. G. J. : "De Achterhoek als Grensland", in: DBNS 4 (1952), 81-86.
Zweerink weist auf die zahlreichen Bindungen zwischen der Landschaft Achterhoek und dem angrenzenden westfälischen Gebiet hin und erwähnt nebenbei auch einige Haus- und Flurn., die diesseits und jenseits der Grenze auftreten.

170 DINGELDEIN, W. H. : "De veldnaam Iland", in: DBNS 5 (1953), 5-6.
Der u.a. in Twente belegte Flurn. *Iland* wird von Dingeldein als 'Flurstück mit Eiben' (mnl. *ive* 'taxus') gedeutet.

171 EDEL, Ludwig : "Im Kloppenhook zu Bentheim", in: Der Grafschafter 7 (1953), 53.
Der Name *Kloppenhook* hat nach Edel seinen Ursprung in dem Wirtshaus, das die Familie Kloppenburg hier besaß.

172 EDEL, Ludwig : "Alte Namen in Uelsen", in: Der Grafschafter 8 (1953), 58.
Notiz, in der einige wenige PN aus dem 14.-15. Jh. zitiert werden; eine Deutung wurde nicht hinzugefügt.

173 EDEL, Ludwig : "Alte Verkehrswege von Ost und West", in: Der Grafschafter 10 (1953), 76-79.
Edel nennt einige alte Wegebezeichnungen wie *Hellstraße*, *Voort*, *Hessenweg* (der Name wird mit den Hessen in Zusammenhang gebracht) und beschreibt den Verlauf der Straßen.

+ 174 HOMMEN, B. H. : "Oude veldnamen uit Twente", in: DBNS 5 (1953), 85-87.
Flurnamensammlung (ohne Deutung), die auf der Auswertung von Archivalien in Oldenzaal (Twente) beruht. Die Namen selbst bezeichnen Flurstücke in Oldenzaal, Tubbergen, Losser, Denekamp u.a. Gemeinden. Die Quellen stammen hauptsächlich aus dem 18. Jh. Vgl. Nr. 191.

175 HULSCHER, H. J. : "Bijnamen", in: DBNS 5 (1953), 82-84.
Behandelt einige Bei- und Spitznamen in Twente.

+ 176 HULSHOFF, A. L. : Het schattingsregister van Twente van 1475. Zwolle 1953. 113 S. Mit 1 Karte und einigen Abb.
Wichtiges Quellenwerk mit Registern der PN und ON.
Rez.: H. J. Keuning, in MVN 29 (1953), 91. - A. D. K., in Brabants Heem 7 (1955), 21-22.

177 NIEMEIER, Georg : Die Ortsnamen des Münsterlandes. Ein kulturgeographischer Beitrag zur Methodik der Ortsnamenforschung. (= Westfälische Geographische Studien 7). Münster 1953. 130 S.
Rez.: E. Schwarz, in BNF 5 (1954), 93-94. - A. K. Hömberg, in Rhein. Vierteljahrsbl. 20 (1955), 359-361.

+ 178 SCHEURMANN : "Urkundenverzeichnis, Verwaltungs- und Vermögensangelegenheiten die Heilige-Geist-Stiftung betreffend, zusammengestellt nach Repertorien des alten Schüttorfer Stadtarchivs und des Niedersächsischen Stadtarchivs Osnabrück", in: Der Grafschafter 4 (1953), 29-30.
Das Verzeichnis enthält zahlreiche Bentheimer PN und Flurn. aus dem 14.-16. Jh.

179 SCHÖNFELD, M. : "Oude Molennamen in Twente en de Achterhoek", in: DBNS 5 (1953), 118-122.
Sammlung und Deutung von Mühlennamen, die in dem von A. L. Hulshoff herausgegebenen 'Schattingsregister van Twente van 1475' belegt sind.

+ 180 SCHRÖTER, Hermann : Das Bürgerbuch der Stadt Lingen 1602-1809. Lingen 1953. 118 S.
Nach einleitenden Bemerkungen u.a. über die Quellen veröffentlicht Staatsarchivrat Schröter das Bürgerbuch, das aus einem zeitlich geordneten PN-Verzeichnis besteht. Ein alphabetisches PN-Verzeichnis ermöglicht das Auffinden der einzelnen Namen.

181 WINDUS, Th. : "Versuche zur Deutung von Familiennamen", in: Der Grafschafter 4 (1953), 32 und 7 (1953), 55.
Windus bringt eine nach Motiven der Namengebung geordnete Liste geläufiger

Bentheimer FN mit Deutungen. Schwierigere Namen wurden nicht behandelt.

182 DREES, Clemens : "Unsere Familiennamen", in: Heimatkalender des Landkreises Borken 12 (1954), 17-19.
Plauderei ohne wissenschaftlichen Wert über Borkener FN.

183 ESHUIS, G. J. : "Egge", in: DBNS 6 (1954), 4.
Notiz über das auch in Twenter Flurn. auftauchende Wort *egge*, das als 'geschützte Seite' gedeutet wird. Vgl. dazu Nr. 197.

184 HOMMEN, B. H. : "De Eekte", in: DBNS 6 (1954), 25-28.
Hommen erläutert *Eekte*, *Stakenbeek* u.a. Flurn. in Oldenzaal.

185 HOMMEN, B. H. : "Strijd om het Wiegersgoor", in: DBNS 6 (1954), 46-47.
Hommen erläutert einige im Jahre 1641 überlieferte Flurn. aus der Gegend um Haaksbergen: *Wiegersgoor*, *Haechsmeule*, *Rutbeek* u.a.

186 PRAKKEN, J. : "Een bijdrage tot het 'wijk'-probleem", in: NGN 14 (1954), 116-135.
Prakken untersucht die *wijk*-Namen in einem geschlossenen Gebiet, das Twente, Salland und den gelderländischen Achterhoek umfaßt. Insgesamt besteht sein Material aus 68 Namen, von denen etwa 48 Hofnamen sind. *Wijk* tritt fast ausschließlich als GW auf; die BW deuten hauptsächlich auf die Lage, wobei die Namen der Himmelsgegenden bevorzugt werden, und auf die Bodenbeschaffenheit hin. PN treten nur dreimal auf; diese Tatsache und die Feststellung, daß *wijk* hauptsächlich Einzelhöfe bezeichnet, veranlassen Prakken zu der Vermutung, daß *wijk* nicht aus lat. *vicus* stamme, sondern auf ein germ. Wort mit der Bedeutung 'offene, freie Stelle' zurückzuführen sei. - Weiterhin konzentriert Prakken sich besonders auf die *wijk*-Namen im alten Amt Kedingen, das Rijssen, Wierden, Goor und Markelo umfaßt. Auch hier kommt er zu dem Schluß, daß *wijk* nicht zu lat. *vicus*, sondern zum Verb *wijken* 'weichen' (= Biegung, Ecke, Winkel) gehöre. Prakken hält es

aber für möglich, daß neben dem von ihm erschlossenen germ. Wort auch lat. *vicus* zu *wijk*-Namen geführt hat, z.B. in *Winterswijk*.

187 SCHÖNFELD, M. : "Opmerkelijke geslachtsnamen met toponymische elementen uit Twente", in: DBNS 6 (1954), 118-127.
Schönfeld bespricht eine Sammlung von 67 Familiennamen, die typisch für Twente sind und großenteils auf Hofnamen zurückzuführen sind. Er versucht die Höfe, aus deren Namen die Familiennamen hervorgegangen sind, zu lokalisieren. Vgl. dazu Nr. 187 und Nr. 243.

188 STRICKMANN, Hanni : "Über die Straßennamen in Lingen", in: Lingener Heimatkalender 1954, 57-71.
Verzeichnis einer Reihe von Lingener Straßennamen, die ausführlich besprochen und zuverlässig gedeutet werden.

189 BREMER, H. : "Landwehren und Höfenamen", in: Der Grafschafter 26 (1955), 208 und 27 (1955), 216.
Plauderei über Hofnamen, die auf alte Landwehren zurückgehen, z.B. *Sleuter*, *Bäumer*, *Slotbohm*. Bei mehreren Namen (z.B. *Bokholt*, *Göllenkamp*) wird man Bremers Deutung nicht zustimmen können.

190 HÖMBERG, Albert K. : "Ortsnamenkunde und Siedlungsgeschichte. Beobachtungen und Betrachtungen eines Historikers zur Problematik der Ortsnamenkunde", in: WF 8 (1955), 24-64.
Rez.: P. Gorissen, in: Revue belge de Philologie et d'Histoire 36 (1958), 298-299.

+ 191 HOMMEN, B. H. : "Oude veldnamen uit Twente", in: DBNS 7 (1955), 152-155.
Enthält einige Korrekturen zu dem Aufsatz in DBNS 5 (1953), 85-87 (s. Nr. 174) und die Fortsetzung des Flurnamenverzeichnisses für mehrere Twenter Gemeinden. Auch hier stammen die Belege meist aus dem 18. Jh.

192 KRUMBEIN, C. : "Die Deutung des Ortsnamens Uelsen", in: Bentheimer Heimatbote 1935, 6-16. Der gleiche Aufsatz erschien nochmals in: Jahrbuch des Heimatvereins der Grafschaft Bentheim 1955, 38-47.
Krumbein verwirft mit Recht die Herleitung

des ON *Uelsen* aus dem Lateinischen und schlägt ohne nähere Begründung eine Herleitung aus dem Germanischen vor.

193 PRAKKEN, J. : "Opmerkingen over Twentse geslachtsnamen met toponymische elementen", in: DBNS 7 (1955), 60-65.
Prakken bringt Ergänzungen und Korrekturen zu dem Aufsatz von M. Schönfeld (Nr. 187). Vgl. auch Nr. 243.

194 SCHÖNFELD, M. : "Hessenweg", in: DBNS 7 (1955), 129-133.
Schönfeld sieht im Bestimmungswort des u.a. in den östlichen Niederlanden belegten Wegnamens *Hessenweg* nicht den Volksnamen *Hessen* (die Hessen waren im Mittelalter und danach als Fuhrleute bekannt), sondern eine volksetymologische Umdeutung von as. *hers* 'Pferd'. Er führt mehrere Ortsnamenbeispiele auf, die bei dem Wort *hers* den Ausfall des *r* zeigen. Desgleichen stellt er Namen wie *Zomerweg* (oberdt. *Säumerweg, Saumpfad*) zu mnl. *somer* 'Lasttier'.

\+ 195 BODE, L. : "Spitznamen und Beinamen in der Dinkelstadt", in: Der Grafschafter 44 (1956), 347-348.
Der Aufsatz enthält eine Liste von in Neuenhaus gebräuchlichen Beinamen.

196 EDEL, Ludwig : "Uelsener Namen in Ootmarsumer Urkunden", in: Der Grafschafter 36 (1956), 287-288.
Notiz, in der einige wenige Uelsener Namen erwähnt werden.

197 HOMMEN, B. H. : "Nogmaals Egge", in: DBNS 8 (1956), 8-10.
Ergänzung zu der Notiz von G. J. Eshuis (s. Nr. 183), dessen Deutung bestätigt wird. Überdies gehe aus alten Belegen die Bedeutung 'Grenze' hervor.

198 HOMMEN, B. H. : "De straatnaam Hoge Lucht", in: DBNS 8 (1956), 67-68.
Hommen versucht, den Straßennamen *Hoge Lucht* in Oldenzaal zu deuten und vermutet einen Zusammenhang mit nl. **lok* (hd. *Loch*) 'Öffnung (im Stadtwall)'. Die Deutung ist wenig wahrscheinlich, zumal *Hohe Luft* auch in Deutschland öfters zur Bezeichnung hochgelegener Fluren belegt ist.

199 HOMMEN, B. H. : "Scheer", in: DBNS 8 (1956), 125-128.
Im Anschluß an einen Aufsatz von G. J. ter Kuile (s. Nr. 131) bringt Hommen weitere Deutungsmöglichkeiten und Entsprechungen für den Namen des Gutes *De Groote Scheere* in Gramsbergen. Er behandelt ausführlich die Ableitung des Namens von der Wasserpflanze *scheer*.

200 HOMMEN, B. H. : "Telgenkamp", in: DBNS 8 (1956), 141-145.
Hommen teilt Einzelheiten mit zur Geschichte der Anpflanzungen junger Eichen, die *telgenkamp* genannt wurden. Der Name entspricht nd. Flurnamen wie *Eckernkamp*, *Ekenkamp*.

201 KLOPMEYER, Gerhard : "Die Rammelbecke", in: Der Grafschafter 40 (1956), 319.
Klopmeyer leitet den Namen *Rammelbecke* (bei Frensdorf) von *ram* 'Widder' ab.

202 ODINK, H. : "Schild - Plein ?", in: DBNS 8 (1956), 10-11.
Odink vermutet aufgrund eines alten Belegs aus Borculo und einiger neuerer Belege aus Eibergen, daß mnl. *schilt* auch '(Markt)platz' bedeuten könnte. Vgl. dazu die Ergänzung für Deventer von G. Kuiper (DBNS 8 (1956), 104), die Notiz von A. Buter über *schild* in Goor (DBNS 8 (1956), 110) sowie ein von Odink veröffentlichtes Zitat aus dem Jahre 1850 (DBNS 10 (1958), 60), nach dem die Kirche zu Rijssen auf dem *Schilt* gebaut sei. Vgl. auch Nr. 238.

203 ODINK, Hendrik : "Namen", in: DBNS 8 (1956), 68.
Odink zitiert zwölf mehrgliedrige PN aus Eibergen, in denen jeweils die "Abstammung" der Namenträger angegeben wird, z.B. Geriet van Bet van Gait van Cobe.

204 PETRI, Franz : "Vom Verhältnis Westfalens zu den östlichen Niederlanden", in: Westfalen 34 (1956), 161-168.
Petri führt u.a. Orts- und Flurnamenbestandteile an, die beiderseits der deutsch-niederländischen Staatsgrenze vorkommen (*wik*, *lar*, *esch* usw.) und beweisen sollen, daß die nordöstlichen Niederlande (Groningen, Drente, Twente, Geldern, Zutphen und

die Ysselstreek) keine niederländischen Kerngebiete, sondern "Länder zwischen Ost und West" sind. Zwischen dem westlichen Westfalen und den nordöstlichen Niederlanden sei namenkundlich keine Grenze zu ziehen. Er wendet sich in dieser Hinsicht mit Recht gegen Slicher van Bath (s. Nr. 123).

205 SCHÄFER, P. : "Halterner Flurnamen", in: Vestisches Jahrbuch 58 (1956), 82-90.

206 BUURSINK, Joh. : "Hessenweg, Hessenstege, Hessteg", in: DBNS 9 (1957), 77-79.
Buursink erläutert die Wegnamen mit dem Bestimmungswort *hes(sen)-* in Enschede und erwägt für *Hessteg* einen Zusammenhang mit dem Volksnamen *Hessen*.

\+ 207 EDEL, Ludwig : "Vom Hoff to Nederlo", in: Jahrbuch des Heimatvereins der Grafschaft Bentheim 1957, 23-32.
Geschichte des Schultenhofs in Neerlage. Edel veröffentlicht eine Akte aus dem 16. Jh., in der zahlreiche Flurn. erwähnt werden.

208 FOCKEMA ANDREAE, S. J. : "Hessenwegen", in: Mededelingen der Koninklijke Nederlandse Akademie van Wetenschappen, Afd. Letterkunde. Nieuwe Reeks, Deel 20, Nr. 11 (1957), 283-301.
Fockema Andreae schildert ausführlich die Bedeutung der hessischen Fuhrleute für den Transport zwischen den Niederlanden und Deutschland zu Anfang der Neuzeit. Er betont jedoch, daß ungeachtet der großen Bedeutung der Hessen für den früheren Frachtverkehr die heutigen Namen *Hessenweg* in den Niederlanden nicht früh zu belegen sind. Der bei Adam von Bremen (nach einer gefälschten Urkunde, angeblich aus dem Jahr 788) erwähnte *Hessewech* bei Verden weist nach Fockema Andreae keine Beziehung zu den erst seit dem Ende des 17. Jh. in den Niederlanden auftauchenden Bezeichnungen *Hessenweg* auf. Diese Namen möchten mit den hessischen Fuhrleuten nichts zu tun haben: Fockema Andreae meint, daß die Wege lediglich nach der breiten Wagenspur, die für die bis ins 19. Jh. in den Niederlanden benutzten sog. Hessen-

karren charakteristisch war, benannt wurden. Zu Ende des 19. Jh. hätte man dann die Namen zu Unrecht mit den Hessen oder gar mit den Wanderungen der Chatten in Verbindung gebracht. Die Deutung von *Hessenweg* als 'Pferdeweg' erscheint Fockema Andreae offensichtlich nicht glaubwürdig (vgl. Nr. 194).

+ 209 KOHL, Wilhelm : "Steuerlisten des Fürstbistums Münster", in: Beiträge zur westfälischen Familienforschung 15 (1957), 1-77. Mit 1 Karte.
Kohl gibt einen Überblick über die im Staatsarchiv Münster befindlichen münsterschen Steuerlisten, die zahlreiche PN enthalten. Das Verzeichnis ist nach Ämtern (Ahaus, Bocholt usw.) geordnet, innerhalb der Ämter nach Kirchspielen. Es ist somit ein wertvolles Hilfsmittel bei Archivarbeiten, wenn auch kein Quellenwerk.

210 LUTJE SCHIPHOLT, A. H. : "Nog iets over oude wegen", in: DBNS 9 (1957), 61-64.
Lutje Schipholt beschreibt den Verlauf und den Zustand des *Hessenwegs* und des *Helwegs* in der Gegend von Enschede und Gronau. In einer Anlage veröffentlicht er vier Quellen aus dem Staatsarchiv Zwolle. In einer dieser Quellen wird der *Helweg* als *lijckwech* bezeichnet, was Nörrenbergs Deutung (s. Nr. 137) erhärtet.

211 SCHOLTEN, E. J. H. : "Nog eens: Hesstiegde", in: DBNS 9 (1957), 116.
Ergänzung zum Aufsatz von Buursink (Nr. 206), ohne daß eine neue Deutung vorgeschlagen wird.

212 SCHÖNFELD, M. : "Wegnamen", in: MVN 33 (1957), 129-151.
Schönfeld behandelt u.a. den auch in Twente und Nachbargebieten häufiger auftretenden Wegnamen *Helweg*. Er erörtert die verschiedenen Deutungsversuche und betont, daß der Name nicht in allen Gegenden die gleiche Bedeutung gehabt haben muß. Für die ostnl.-westf. Namen hebt er die Bedeutung 'Leichenweg' besonders hervor und verweist dafür nach einem Aufsatz von Lutje Schipholt (s. Nr. 210). Hinsichtlich des Namens *Hessenweg* verteidigt Schönfeld seine schon 1955 vorgeschlagene

Deutung (s. Nr. 194) als 'Pferdeweg' gegenüber Fockema Andreae (s. Nr. 208).

213 TÖNSMEYER, J. : "Alte Namen im Ahauser Bürgerbuch aus der Zeit von 1500 bis 1811", in: Der Münsterländer, 1957, Nr. 2.

+ 214 JAPPE ALBERTS, W. und HULSHOFF, A. L. : Het Frensweger Handschrift betreffende de geschiedenis van de moderne devotie. Groningen 1958. 34 + 268 S. Mit 1 Abb.

Veröffentlichung einer Handschrift religiösen Inhalts aus dem 15. Jh., in der auch zahlreiche ON und PN aus der Twente und der Grafschaft Bentheim auftreten. Ein alphabetisches Namenregister schließt das Werk ab.

215 BLOK, D. P. : "De enken", in: DBNS 10 (1958), 1-16.

Enk ist als Bezeichnung für altes Ackerland in den mittleren Niederlanden ziemlich stark verbreitet. Twente und die Grafschaft Zutphen kennen dafür die Bezeichnung *es*, jedoch taucht auch ganz vereinzelt *enk/eng* auf, wie Bloks Untersuchung (mit Karte) zeigt. Blok erachtet es für wahrscheinlich, daß *enk/eng* ursprünglich nicht 'Weide' (vgl. dt. *Anger*), sondern 'hochgelegenes Ackerland' bezeichnete. Etymologisch stellt er das Wort zu einer Wurzel, die 'biegen' bedeutet (vgl. griechisch *ankos* 'Tal'). Er erläutert weiterhin die Verbreitung des Wortes im nl. Sprachgebiet. Ein Belegliste ist dem Aufsatz beigefügt. Vgl. Nr. 222.

216 ESHUIS, G. J. : "Hemel en hel", in: DBNS 10 (1958), 42.

Notiz über *hemel* in Flurn. von Geesteren; das Wort wird als 'hochgelegenes Land' gedeutet. Der Artikel enthält auch volkskundliche Bemerkungen über 'Hölle'.

217 HEEROMA, K. : "Drente, Twente en Salland", in: DBNS 10 (1958), 33-39.

In diesen drei Namen, deren Etymologie umstritten ist, meint Heeroma ursprüngliche Flußnamen zu erkennen. In *Tvihanti* (Twente) soll *-ant-* aus dem Flußnamenelement **am* + *t*-Suffix entstanden sein; der Name bedeute dann 'Zweifluß'. Mit den zwei Flüssen wären *Vecht* und *Dinkel* gemeint, die sich bei Neuenhaus vereinigen. Heeromas Deutung beruht auf soviel Vermutungen, daß sie nicht überzeugen kann.

218 HOMMEN, B. H. : "Hunnen en witte wieven in veld- en boerderijnamen", in: DBNS 10 (1958) 107-114.
Hommen versucht nachzuweisen, daß viele Twenter Flurn. mit dem Bestimmungswort *hun(n)en-*, *hunde-*, *honde-*, *honer-* u. dgl., die im Volksglauben mit urgeschichtlichen "Riesen" in Verbindung gebracht werden, auf ur- bzw. frühgeschichtliche Grabstätten oder auf Verteidigungsanlagen hindeuten. Bei den *hun(n)en*-Namen wird dies stimmen; die mit *honde-*, *hunde-* zusammengesetzten Namen jedoch, bei denen Hommen selbst bemerkt, sie bezeichnen auffallend oft Fluren an früheren Grenzen, können ein altes Wort für 'Grenze' enthalten: vgl. dazu J. Helsen, De woorden wolf en hond in plaatsnamen (Leuven, 1961). - Die im Twenter Volksglauben auftretenden *witte wieven* sind in Flurn. viel spärlicher als die *hun(n)en* vertreten.

219 NAARDING, J. : "Ees(t) - Ies(t)", in: DBNS 10 (1958), 76-81.
Ees 'altes Ackerland' gilt als typisches Küstenwort (Friesland, friesische Inseln, Groningen, Westflandern). Naarding weist jedoch nach, daß das Wort vereinzelt auch in Drente und sogar einmal im Achterhoek (*de Eze* bei Almen) belegt ist. Er erörtert die Lautentwicklung des Wortes und ermittelt 'Nahrung' als Urbedeutung.

220 SCHÖNFELD, M. : "Illyrische Namen in Drente en Overijssel ?", in: DBNS 10 (1958), 87-91.
Schönfeld wendet sich gegen die Erklärung niederländischer Namen aus dem Illyrischen und somit gegen Huisman, der u.a. für *Rijssen* in Overijssel einen illyrischen Ursprung erwogen hatte.

221 SCHÖNFELD, M. : "Keltische namen in Saksisch Nederland ?", in: DBNS 10 (1958), 102-106.
Schönfeld verneint nicht, daß keltische Namen in den Niederlanden möglich sind, wendet sich jedoch energisch gegen Weijnen, der in seiner Arbeit "Praegermaanse elementen van de Nederlandse toponiemen en hydroniemen" (1958) für mehrere nl. Namen - u.a. für die auch in den östlichen Nie-

derlanden häufigen *laar*-Namen - einen keltischen Ursprung in Erwägung gezogen hatte. Vgl. Nr. 235.

222 SCHUTTE, E. : "Nogmaals de Enken", in: DBNS 10 (1958), 71-74.
Ergänzung zu dem Aufsatz von D. P. Blok (s. Nr. 215). Schutte versucht die Bedeutungsentwicklung des Wortes *enk* von 'Weide' zu 'altes Kulturland' durch die Annahme zu begründen, daß das Wort die Bedeutung 'Mähland' bekommen habe. 'Mähland' könne im Rahmen der "Heukultur" durchaus dem Begriff 'Kulturland' entsprechen, da es sich um Land handele, das zum Anlegen des Wintervorrats diene; das sei auch die wesentliche Funktion von Ackerland, auf dem Viehfutter angebaut werde. Hinsichtlich der Etymologie von *enk* stimmt Schutte mit Blok überein: Die Urbedeutung sei 'Wölbung'.

223 VRIES, Nonno DE : "Die Entwicklung der Bauerschaft Wilsum", in: Der Grafschafter 61 (1958), 485-486; 62 (1958), 493-494; 63 (1958), 508; 64 (1958), 509-510; 65 (1958), 517-518; 66 (1958), 528.
Siedlungsgeschichte von Wilsum, wobei zahlreiche Flur- und Hofnamen zur Sprache kommen.

224 BREMER, Heinrich : "Familiennamen als Geschichtsquellen. Der Name Bremer", in: Westfälischer Heimatkalender 13 (1959), 191-192.
Bremer deutet seinen FN als "am Rand Wohnender"; als Argument führt er den im Kreis Ahaus bekannten Ausdruck 'Ick sin doch kin Bremer!' (= kein Kleinbauer) an. Ein Bremer wäre dann ein Neubauer, der am Rande der Feldmark ein kleines Gebiet besitzt bzw. bewohnt.

225 ESHUIS, G. J. : "Naarmolen en Veermolen", in: DBNS 11 (1959), 79.
Notiz über zwei Mühlennamen bei Geesteren (Overijssel), die als 'nahe bzw. ferne Mühle' gedeutet werden.

226 HEEROMA, K. : "Altsächsisch ia > mittelniederdeutsch ê", in: Nd. Jb. 82 (1959), 57-59.
Die Lautverbindung *jê* im Winterswijker FN *Tjeenk* (1471 *Tyeddinck*) ist eine Reliktform und zeigt den Übergang van as. *ia* zu mnd. *ê*.

227 HEITLING, Willy H. : De Achterhoek. Langs Berkel en Slinge. Lochem, o. J. (um 1959). 311 S.

In diesem Heimatbuch ohne wissenschaftliche Ansprüche werden hier und da namenkundliche Besonderheiten (z.B. über die *Hessenwegen*) mitgeteilt.

228 HOMMEN, B. H. : "Rozengaard(e)", in: DBNS 11 (1959), 26-28.

Der Flurn. *Rozengaard* kommt auch in Twente öfters vor. Hommen prüft die Lage der einzelnen Flurstücke und konkludiert, daß die Deutung 'Begräbnisplatz' nirgends zutrifft. Eher habe man den Namen für eine 'schöne Landschaft' gebraucht. Leider hat Hommen offensichtlich das Buch von K. Ranke "Rosengarten, Recht und Totenkult" (Hamburg 1950) nicht gekannt, so daß eine Auseinandersetzung mit Rankes Theorie fehlt. Die geographischen und historischen Angaben bei den einzelnen Twenter Namen sind jedoch wertvoll.

229 HOMMEN, B. H. : "Visschedijk", in: DBNS 11 (1959), 40-44.

Als Ergänzung zu einem Aufsatz von Dingeldein (DB 5 (1953), 4-5) deutet Hommen den Flurn. *Visschedijk* in Twente als 'Fischwasser'. Er erklärt diese Deutung durch zahlreiche geographische, historische und auch volkskundliche Angaben. Der Name (*Vissche*)-*dijk* sei vor allem für fließendes Wasser (nicht für einen Teich) gebraucht worden, das auf natürliche oder künstliche Weise gestaut wurde. Vgl. Nr. 367 und Nr. 368.

230 HOMMEN, B. H. : "Rot en rotmeester", in: DBNS 11 (1959), 86-89.

Hommen erwähnt bei der Besprechung des Wortes *rot* auch einige Twenter Flurn. und PN mit diesem Bestandteil.

231 HOMMEN, B. H. : "De Woord", in: DBNS 11 (1959), 126-128.

Hommen teilt volkskundliche, geographische und historische Besonderheiten mit, die mit dem Flurstück *Woord* bei Oldenzaal verbunden sind. Vgl. Lutje Schipholt in DBNS 12 (1960), 52, der den Flurn. *Waarte* bei Dalfsen als 'Ackerland auf dem Esch' deutet.

232 KUHN, Hans : "Vor- und frühgermanische Orts-

namen in Norddeutschland und den Niederlanden (mit 5 Karten)", in: WF 12 (1959), 5-44.
Für die Namen *Hellendoorn* und *Vragender* (b. Lichtenvoorde) aus unserem UG zieht Kuhn einen vorgerm. Ursprung in Erwägung. Der ON *Borne* (1206 *Burgunde*) bleibt unerwähnt, hätte aber Kuhns Thesen erhärten können; auf S. 19 weist er wohl auf den norwegischen Flußnamen *Borgund* hin. Vgl. Nr. 435.

233 KUIJPER, P. : "Varsseveld", in: Gelre. Bijdragen en Mededelingen LVIII (1959), 1-113.
Geschichte von Varsseveld, in der sowohl der ON *Varsseveld* als die Namen der umliegenden Bauerschaften (*Heelweg*, *Binnenheurne*, *Sinderen*, *Silvolde*, *Westendorp*) ausführlich besprochen und zuverlässig gedeutet werden. Das BW in *Varsseveld* ist nach Kuijper *varse*, *verse* 'junge Kuh'. In *Heelweg* (a. 828, Kopien 11. und 12. Jh. *Ellenuuih* bzw. *Hellenwich*) sieht Kuijper einen *hel*-Namen, da der Ort nördlich von Varsseveld liegt und sich somit in das von Huisman ("De hel-namen in Nederland", 1953) gesammelte Material einordnen läßt; das GW ist nach ihm *wic*.

+ 234 SCHRÖDER, August : "Westfälische Bürgerrechtsquellen. Bedeutung und Nachweis veröffentlichter Bürgerbücher und Bürgeraufnahmelisten", in: Beiträge zur westfälischen Familienforschung 17 (1959), 1-64.
Bibliographie der westf. Bürgerbücher. Von Bedeutung für die Ermittlung vor allem der unveröffentlichten Quellen, die PN enthalten.

235 WEIJNEN, A. : "Praegermaans", in: DBNS 11 (1959), 7.
Erwiderung auf einen Aufsatz von Schönfeld: s. Nr. 221.

236 DITTMAIER, H. : "Esch. Verbreitung und Bedeutung", in: Nd. W. 1 (1960), 21-25.

237 EDEL, Ludwig : "Eine eigenartige Umwandlung von Hausnamen", in: Der Grafschafter 93 (1960), 754.
Notiz über in alten Akten vorkommende Doppelnamen wie *Heidemann/Heitel*, *Portmann/Portel* (jeweils zur Bezeichnung einer einzigen Person).

238 HOMMEN, B. H. : "Schild (IV)", in: DBNS 12 (1960), 24-25.
Hommen steuert noch einiges Material aus Twente zu den Namen mit dem Bestandteil *schild* bei, das wahrscheinlich 'offene, freie Stelle (in der Stadt oder auf dem Land)' bedeutet. Hommen betont, daß eine endgültige Deutung noch aussteht. Vgl. Nr. 202 und die Ergänzung für Zwolle von A. Haga (DBNS 14 (1962), 39).

239 KIP, Georg : "50 Jahre Straßennamen in Neuenhaus", in: Der Grafschafter 93 (1960), 753.
Plauderei ohne wissenschaftlichen Wert über die Bedeutung einiger Straßennamen in Neuenhaus.

240 KÜHLE, Ernst : "Engdener Wüste und Heseper Feld", in: Jahrbuch des Heimatvereins der Grafschaft Bentheim 1960, 150-156.
Einige Orts- und Flurn. in der Gegend von Hesepe werden in diesem Aufsatz aufgeführt und gedeutet.

+ 241 VEEN, J. VAN DER : "De Diepenheimse erven uit de jaren 1188, 1578 en 1601", in: VORG 75 (1960), 1-26. Mit 1 Karte.
Veröffentlichung eines Diepenheimer Hofnamenverzeichnisses aus dem 16. Jh. mit historischen Bemerkungen und Ergänzungen. Die entsprechenden heutigen Hofnamen werden angegeben, soweit sie noch bekannt sind.

242 EVERINK, A. H. : "Hoesnamen", in: Twenteland en leu en spraoke 6 (1961), 37, 59.
Plauderei über die Entstehung von Hofnamen mit Verzeichnis aller heute bekannten Hofnamen in der Gegend von Tubbergen.

243 HEKKET, B. J. : "Enige Twentse geslachtsnamen met toponymische elementen", in: DBNS 13 (1961), 101-103.
Ergänzung zu den Aufsätzen von Schönfeld (Nr. 187) und Prakken (Nr. 193) über FN in Twente. Behandelt werden die folgenden Namen: *Slettenhaar*, *Schalkhaar*, *Scheggert*, *Scheggetman*.

244 HEKKET, B. J. : "Volte", in: DBNS 13 (1961), 103.
Notiz über den Namen *Volte* bei Denekamp, der aufgrund alter Belege nicht zu nl.

vaalt 'umzäuntes Grundstück' gestellt wird, sondern als Zusammensetzung mit dem Suffix -*ithi* betrachtet wird. Die Deutung wäre dann 'Weidenholzung'.

245 KÜHLE, Ernst : "Über Nordhorner Straßennamen", in: Der Grafschafter 106 (1961), 860; 107 (1962), 863; 108 (1962), 871-872.
Der Beitrag enthält zahlreiche Straßen- und Flurn., die gedeutet werden.

246 N. N. : "Dove ist der häufigste Familienname", in: Der Grafschafter 101 (1961), 818.
Erörterung einer für Schüttorf aufgestellten Namenstatistik.

247 SCHÜLING, Hermann : "Die Herkunft des Namens Vardingholt", in: Unsere Heimat. Jahrbuch des Landkreises Borken 1961, 65-66.
Schüling deutet den im 15. Jh. überlieferten Namen *Verdincholt* als '*ver* (= vor) dem *dincholt*'; auf die mit dieser nicht überzeugenden Deutung verbundenen lautlichen Schwierigkeiten geht er nicht ein.

248 SMOOR, Fenna : "Bakelde - eine heimatkundliche Studie", in: Der Grafschafter 100 (1961), 805-806; 101 (1961), 815-817; 102 (1961), 826-827; 103 (1961), 829-830.
Siedlungs- und Flurgeschichte von Bakelde mit Erwähnung mehrerer Flur- und PN.

+ 249 WEGENER, Anton : Ochtrup. Ein Heimatbuch. Münster 1961. 794 S. Mit 9 Kunstdrucktafeln und 1 Übersichtskarte.
Auf S. 43-44 wird der Name *Ochtrup* (1150 *Uhtepe*) erklärt; die Deutung von Förstemann-Jellinghaus, Aldtdt. Namenbuch, wird übernommen. - Das Buch ist als Quellenwerk wichtig: die Veröffentlichung von Familienbüchern umfaßt insgesamt fast 300 Seiten.
Rez.: Schröder, in: Beiträge zur westf. Familienforschung 18 (1960), 113-114.

250 COWAN, H. K. J. : "Albergen en Tubbergen", in: MVN 38 (1962), 17-19.
Cowan erwähnt die früheren Deutungen der beiden ON und schlägt eine neue vor: Die beiden Namen sollen auf keltisch **Alb(o)-briga* (idg. **albh-* 'weiß') und **Dub(o)-briga* (idg. **dhubh-* 'schwarz') zurückgehen. Cowan hält es für möglich, daß auch in der Twente Kelten ansässig waren.

251 HEKKET, B.J. : "De uitgang -ster", in: DBNS 14 (1962), 49-50.
Hekket behandelt kurz einige alte Belege - teils PN, teils Appellative - aus Twente und Westfalen mit der Endung *-ster*, die in der Regel aus *-sate(r)* 'Bewohner' entstanden ist.

252 HOL, A. R. : "Wis, Wisk. Een toponiem van Oost-Nederland ?", in: DBNS 14 (1962), 51-60.
Namen mit *wis(k)* 'Wiese' kommen außerhalb der östlichen Niederlande vor; aber nur noch im ostnl. Raum wird das Wort als Appellativum verstanden, und auch das nicht allgemein. Hol erörtert die Bedeutung von *wis(k)*, seine geographische Verbreitung und seine lautliche Gestalt mit ihren vielen Varianten.

253 N. N. : "Kroniek van Dorp en Stad", in: Twentse Post, 1962 ff.
Die "Twentse Post" erscheint seit 1962 und bringt in regelmäßigen Abständen eine "Kroniek van Dorp en Stad", worin jeweils ein bestimmtes Dorf oder eine Stadt behandelt wird. Manchmal wird dabei auch flüchtig auf den jeweiligen ON eingegangen. So wird im 9. Jg. (1970), Heft 5, S. 2 der Name *Enschede* (12. Jh. *Anescedhe*) als "afgescheiden ruimte van Anno of Anni" gedeutet. Die Deutungen sind oft dilletantisch; Quellenangaben usw. fehlen meist. Auf Flurn. wird nicht eingegangen.

254 N. N. : "Oud-Twentse namen", in: Twentse Post 1 (1962), Nr. 5, S. 9.
Belanglose Notiz über Namen im "Burgerboek van Ootmarsum".

255 NUIJTENS, Emile Theophile Gerhardus : De tweetalige mens. Een taalsociologisch onderzoek naar het gebruik van dialect en cultuurtaal in Borne. Assen 1962. 339 S.
Auf den S. 29-37 werden Form und Bedeutung des ON *Borne* (a. 1206 *Burgunde*) besprochen. Nuijtens wendet sich gegen Schönfeld und Gysseling und deutet den Namen als Siedlung bei den 'Burgen' (in der Nähe gab es zwei befestigte Orte). Er erörtert weiterhin die mundartliche Aussprache *bòòrn* (aus **borgende*; überliefert ist z.B. a. 1385 *Borgenden*), die er mit *mòòrn* (aus *morgen*) vergleicht. Vgl. Nr. 269 und Nr. 272.

Rez.: H. Wesche, in: Nd. Jb. 88 (1965), 157-161.

256 OSSENBÜHL, H. G. : "Bauernhofnamen in der Twente. (Nach P. V. van Wijk 'Boerderijnamen')", in: Der Grafschafter 114 (1962), 923-924.
Ossenbühl referiert die Arbeit von van Wijk (s. Nr. 133).

257 SCHRÄDER, Bernhard : "Alter und Deutung bäuerlicher Ing-Namen", in: Jahrbuch des Heimatvereins der Grafschaft Bentheim 1962, 46-54.
Schräder behandelt aus den Emslandkreisen, aus Bentheim und aus Twente stammende Namen auf *-ing*, die seiner Meinung nach ursprünglich eine 'landwirtschaftliche Einheit' (die Besitzungen einer Person) bezeichnen. Etwa 5 % der Namen sind christlichen Ursprungs und werden von Schräder näher besprochen. - Schräder behandelt weiter die *ing*-Namen im Zusammenhang mit den grundherrlichen Verhältnissen.

258 SCHÜLING, H. : "Namen bekunden Geschichte", in: Unsere Heimat. Jahrbuch des Landkreises Borken 1962, 60-63.
Nach Arten der Namengebung geordnetes Verzeichnis mit einzelnen historischen Belegen der Hofnamen von Vardingholt. Die Namen werden knapp gedeutet.

259 STRECK, Fritz : "Esch, zur Verbreitung und Bedeutung", in: Korrespondenzblatt des Vereins für niederdeutsche Sprachforschung 69 (1962), 41-42.
Weist auf ein großes Eschgebiet bei Stadtlohn hin, das Pflugland ist.

260 STROINK, L. A. : Stad en land van Twente. Hengelo 1962. 796 S. Mit zahlr. Abb. und Karten.
Bedeutendes Werk für die Hof-, Orts- und Siedlungsgeschichte. Enthält u.a. eine nach der Bedeutung der Namen geordnete Hofnamenliste.

+ 261 WEUSTINK, H. J. M. : De rechtsgeschiedenis van de stad Oldenzaal en de mark Berghuizen tot 1795. Assen 1962. 147 S.
Enthält Hofnamenverzeichnisse.

262 DITTMAIER, Heinrich : Die (h)lar-Namen. Sich-

tung und Deutung. (= Niederdeutsche Studien 10). Köln - Graz 1963. 128 S., 1 Karte.

Rez.: M. Gysseling, in: Leuvense Bijdragen 53 (1964), 17-21. - R. Schützeichel, in: Blätter für dt. Landesgeschichte 100 (1964), 439 f. - B. Martin, in: Hessische Blätter für Volkskunde 56 (1965), 176. - H. Wesche, in: Nd. Jb. 88 (1965), 167-173.

\+ 263 HULSHOFF, A. L. und ADERS, G. : Die Geschichte der Grafen und Herren von Limburg und Limburg-Styrum und ihrer Besitzungen 1200-1550. Teil II. 4 Bde. Assen und Münster/Westf. 1963-1968. 36 + 868 S. (Bde. 1 und 2 sind durchgehend numeriert), 225 S. (Bd. 3), 16 + 352 S. (Bd. 4).

Bedeutendes Quellenwerk mit 2010 Regesten (bis zum Jahre 1550). Obwohl der Besitz des Geschlechtes von Limburg (-Styrum) sich hauptsächlich im südlichen Westfalen situierte, tauchen doch in den Regesten und im Verzeichnis der Lehen Namen aus dem Osten des UG (Kreise Borken, Steinfurt) auf.

264 KEUNING, H. J. und NAARDING, J. : Het esdorp. (= Onomastica Neerlandica. Toponymica XVIII). Leuven-Brussel 1963. 47 S.

\+ 265 KUILE, G. J. TER : Oorkondenboek van Overijssel. Regesten 797-1350. I. 797-1250. Zwolle 1963. 171 S.

Diese mit Personen- und Ortsnamenregister versehene Regestensammlung ist als Quellenwerk für die Twenter Namen besonders wichtig; auch für andere Gegenden (z.B. Bentheim) findet sich darin Material. Das Literaturverzeichnis auf den S. 8-15 enthält die bibliographischen Angaben zu den Quellenveröffentlichungen, die für die östlichen Niederlande von Bedeutung sind. - Bei den einzelnen Regesten wird ggf. angegeben, wo die betreffende Urkunde im Wortlaut veröffentlicht wurde.

266 SCHOLTEN, E. J. H. : "Oet 't laand van brook en braoke, spik en laoke", in: DBNS 15 (1963), 179-182.

Mundartliche Plauderei über Toponyme in und um Enschede, in der allerhand wissenswerte Einzelheiten mitgeteilt werden und anschaulich dargestellt wird, was Wörter (bzw. Namen) wie *braak*, *spik* bedeuten.

+ 267 SCHREUDER, F. : Hengelo Gelderland Duizend Jaar. Zutphen, Stockholm, Nijmegen 1963. 83 S. Zahlreiche Abb.
Auf den S. 19-34 findet sich eine Hofnamenliste dieses gelderländischen Dorfes.

268 DINGELDEIN, W. H. : Het land van de Dinkel. 4. Aufl., hg. von C. C. W. J. Hijszeler. Amersfoort, o. J. (1964), 253 S. Mit 1 Karte und zahlreichen Abb.
Heimatbuch, in dem hier und da auf die Bedeutung der ON eingegangen wird.

269 ENTJES, H. : "Over de plaatsnaam Borne", in: DBNS 16 (1964), 92-93.
Entjes äußert seine Bedenken gegen die Deutung des ON *Borne* von Hekket (s. Nr. 272). Die Einwände richten sich vor allem gegen die Methode der Deutung, da lautgeschichtliche Entwicklungen unberücksichtigt geblieben seien. Eine neue Deutung schlägt Entjes nicht vor.

270 ESHUIS, G. J. : "Van Boerenland tot Stadsrand".
Unter der Überschrift "Van Boerenland tot Stadsrand" hat G.J. Eshuis vom 25.4.1964 an in der Zeitung "Dagblad van het Oosten" wöchentlich einen Beitrag (insgesamt mehr als hundert) über Twenter Höfe, Dörfer, Fluren usw. veröffentlicht. Besondere Aufmerksamkeit hat er dabei PN, Hof- und Flurnamen entgegengebracht. Seine Ortskenntnis ist für die Deutung der betreffenden Namen von entscheidender Bedeutung. Deshalb können seine Beiträge bei einer Erarbeitung des Twenter Namenschatzes nicht übergangen werden. Eshuis' Deutungen sind in der Regel einsichtig. - Laut einer Ankündigung des Verlages Witkam in Enschede sollen die gesammelten Aufsätze von Eshuis Ende August 1976 unter dem Titel "Van Boerenland tot Stadsrand" in Buchform erscheinen.

271 HARTIG, Joachim : "Hirschweg, Heßweg und Hessenweg", in: Nd. W. 4 (1964), 80-91.
Hirschweg und *Heßweg* kommen nur im südöstlichen Westfalen vor, während *Hessenweg* oft in den östlichen Niederlanden und auch in der Grafschaft Bentheim belegt ist. Hartig zeigt, daß letzterer Name auch weiter südlich und östlich auftaucht, u.a. in

den Kreisen Ahaus, Münster, Soest und Lippstadt. Die Deutung "Weg der Hessen" (Stammesname) wird von Hartig abgelehnt. "Die Form *Hessenweg* ist nur als Produkt volksetymologischer Angleichung an den Stammesnamen der Hessen zu verstehen und als solches verhältnismäßig jung anzusetzen". Hartig befürwortet eine Ableitung von as. *hers* 'Pferd' (auch für *Hirschweg*, *Heßweg*) und stimmt somit Schönfeld (s. Nr. 194) zu.

272 HEKKET, B. J. : "Borne", in: DBNS 16 (1964), 17-19.
Der ON *Borne* (1206 *Burgunde*) wurde von J. de Vries und M. Gysseling als 'hochgelegene Stelle' gedeutet. Hekket meint, die Bedeutung 'hochgelegen, steil' habe sich zu 'groß' entwickelt und die Endung -*e* könne die Wasserbezeichnung *ee* oder *aa* sein. So kommt er zu der Deutung 'großer Fluß. Vgl. dazu Nr. 255 und Nr. 269.

273 HEKKET, B. J. : "Het element *schip* in toponiemen", in: MVN 40 (1964), 112-119.
Hekket ermittelt vier verschiedene Bedeutungen für *schip*: 'Fahrzeug, Schaf (nur in England), Grenze, Gestrüpp'. Er berücksichtigt auch die ostnl. *schip*-Namen.

274 KÜHLE, Ernst : "Flurbild und Flurnamen der Gemeinde Hesepe", in: Der Grafschafter 141 (1964), 183-184; 154 (1965), 184-185.
Der Aufsatz enthält u.a. eine ausführliche alphabetisch geordnete Liste der Flurn. von Hesepe.

275 PLOETZ, Bruno : "Über Hessenwege. Ergänzende Mitteilungen zum Erklärungsversuch von Joachim Hartig: *Hirschweg*, *Hessweg* und *Hessenwege* (Nd. W. 4, 1964)", in: Nd. W. 6 (1966), 97-101.
Ploetz wendet sich gegen Hartig (s. Nr. 271) und schließt sich im großen ganzen Fockema Andreae (s. Nr. 208) an. "*Hessenwege* waren Wege für den gewerblichen Karrenverkehr mit breiterer Spur als die im Flachland übliche. Der Name stammt von den überwiegend beteiligten Karrenbauern des hessischen Mittelgebirges. Mit 'hessischem Handel' hat der Name nichts zu tun... Keine Beziehung haben die *Hessenwege* auch zu *Heerwegen*". Der archivalische Beleg *Hessen-*

karrenweg (1729 im Amt Lüne) unterstützt Ploetz' Deutung.

276 SCHMEDDINGHOFF, Anton : "Der Rosenberg", in: Unser Bocholt 15 (1964), 2-4.
Anekdotische Erzählung, in der dargestellt wird, wie der *Rosenberg* in Bocholt zu seinem Namen kam: Dort fand ein Fest zu Ehren einer Ordensschwester namens *Rosa* statt.

277 SCHOLTEN, E. J. H. : "Namens verandert", in: DBNS 16 (1964), 60-62.
Mundartliche Plauderei über Flurn. und FN in Twente.

278 SCHRÄDER, Bernhard : "Siedlungsform und Namensbildung", in: Jahrbuch des Heimatvereins der Grafschaft Bentheim 1964, 186-196.
Allgemeine Betrachtungen über Siedlungsgeschichte und Namen. Namen wie *Jacobs*, *Schomakers* werden fälschlicherweise als Pluralbildungen bezeichnet.

279 VOOGT, J. J. : "Albergen en Tubbergen", in: MVN 40 (1964), 52.
Voogt stellt Cowans Deutung von *Tubbergen* (s. Nr. 250) in Frage. Die Mundartform *Tubbege* (mit 2 kurzen *e*) verbiete, das GW als *bergen* zu deuten. In anderen Namen auf *-bergen* (wie *Albergen*, *Haaksbergen*) werde *bargen* bzw. *bèrgen* gesprochen. Ob *-ege* der Mundartform mit *egge* 'Ecke' identisch ist, ist auch für Voogt fraglich.

280 VOORDE, G. J. TEN : "Oawer Boornse biejnaam'n en zo...", in: Jaarboek Twente 3 (1964), 106-116.
Mundartliche Plauderei mit vielen Beispielen und Anekdoten über Beinamen in Borne.

+ 281 EDEL, Ludwig : "Namen aus der Stadt Schüttorf", in: Der Grafschafter 143 (1965), 197-198.
Veröffentlichung eines im Krieg vernichteten "Pachtregister des Rentamts zu Schüttorf" (1627-1636), das zahlreiche PN enthält.

282 GEERS, Dietmar : Bauernhöfe im Münsterland. Alter, Entwicklung, hofnahe Flur. (Kleine westfälische Reihe I/7). Münster 1965. 31 S.
Geers skizziert den Gang der Besiedlung, die Siedlungsformen und vor allem die Aufgabe und Ordnung der hofnahen Flur; die

Funktion der Flurn. und andererseits den 'Inhalt' der Namen (z.B. Bezeichnungen für Gärten, Bleichen, Wiesen) läßt er dabei deutlich hervortreten. Ein Abschnitt 'Bedeutung der Flurnamen' unterstreicht den Wert dieser Namen für siedlungsgeschichtliche Studien.

283 HEKKET, B. J. : "Hengelo", in: DBNS 17 (1965), 114-120.
Hekket nimmt aufgrund mittelalterlicher Belege an, daß viele mit *heng-* zusammengesetzte ON aus *hegen-*, das er als 'Grenze' deutet, entstanden sind. Obwohl für *Hengelo* (Overijssel und Gelderland) keine Formen ohne *n* belegt sind, kann auch hier analog zu ähnlichen Namen, bei denen ein *n* in nachmittelalterlicher Zeit eingeschoben wurde, auf eine ursprüngliche Form **hegenlo* geschlossen werden.

284 HUISMAN, J. A. : "Namen van vroeg-middeleeuwse ringwallen", in: MVN 41 (1965), 105-123.
Huisman erörtert in diesem Aufsatz auch einige ON der Twente, u.a. *Hunenborg, Tubbergen, Borne*; Huisman wendet sich gegen die von Gysseling und Nuijtens vorgeschlagenen Deutungen dieser Namen.

285 VELDMAN, J. : "Verwandtschaft und Namengebung alter Bimolter und Osterwalder Geschlechter", in: Jahrbuch des Heimatvereins der Grafschaft Bentheim 1965, 78-82.
Familiengeschichte, bei der sich zeigt, daß früher dem Hofnamen mehr Bedeutung beigemessen wurde als dem FN.

286 BLOK, D. P. : "Veldnamen te Winterswijk", in: Honderd Jaar Geldersche Maatschappij van Landbouw (Winterswijk 1966), 134-139.
Deutung derjenigen Flurn. von Winterswijk, die im Amsterdamer "Bureau voor Naamkunde" gesammelt wurden. Blok behandelt nacheinander die Namen für Ackerland, Grasland, niedrig und hoch gelegene Gebiete, Wald und Rodungen. Die Namen vermitteln einen Einblick in die Siedlungsgeschichte von Winterswijk.

287 HEKKET, B. J. : "Enkele kenmerken en verklaringen van Twentse familienamen", in: Jaarboek Twente 5 (1966), 92-101.

Hekket gibt einen Überblick über die Bildung und die verschiedenen Bedeutungen alter Twenter FN; besondere Aufmerksamkeit widmet er den in dieser Gegend häufigen Namen mit dem Suffix *-ing/ink*, das auch Wörtern aus dem appellativischen Wortschatz und sogar Flurn. angehängt werden konnte. Weiterhin wird u.a. auch die Verwendung von Präpositionen (*tho, thor* usw.) bei aus geographischen Namen entstandenen FN besprochen. Hekket bringt zu den einzelnen Namen Belege aus mittelalterlichen Quellen.

288 HEKKET, B. J. : "Wat betekent...?"
Unter der Überschrift "Wat betekent...?" veröffentlicht B. J. Hekket vom Januar 1966 an in den Samstagsausgaben der Zeitungen "Tubantia" und "Hengelosch Dagblad" einen namenkundlichen Beitrag. In seinem Buch "Oostnederlandse Familienamen" (s. Nr. 418) hat Hekket seine Personennamendeutungen zusammengestellt. Hinsichtlich der geographischen Namen der Twente bleibt man, wenn man sich über Hekkets Deutungen informieren will, auf die Zeitungsartikel angewiesen.

289 HIJSZELER, C. C. J. W. : "Mander en omgeving, gemeente Tubbergen" (1.Teil), in: VORG 81 (1966), 1-50. Mit 12 Abb. bzw. Karten.
In diesem Aufsatz tauchen zahlreiche Flurn. auf; besonders den Namen, die auf in der Urgeschichte bedeutende Stätten hinweisen, wird Aufmerksamkeit entgegengebracht. Vgl. Nr. 341.

290 KROSENBRINK, H. : "Naamgeving in Winterswijk", in: DBNS 18 (1966), 149-152.
Krosenbrink behandelt u.a. die Gewohnheiten bei der Namengebung bei neugeborenen Kindern, den Gebrauch von Vor- und Familiennamen, die auch heute noch wichtige Rolle der Hofnamen, die häufig als unterscheidende Zusätze zu den oft gleichlautenden FN gebraucht werden. Auch für den Zusammenhang zwischen historisch-geographischen Gegebenheiten und Namengebung werden Beispiele aufgeführt.

291 MIEDEMA, H. T. J. : "De boerderijnamen op -ink van de Winterswijkse buurtschappen", in: Honderd Jaar Geldersche Maatschappij van Landbouw (Winterswijk 1966), 72-84.
Der Aufsatz enthält ein Verzeichnis von

etwa 120 PN auf *-ink* aus der Gegend um Winterswijk. Als Quellen benutzte Miedema ein Verzeichnis der Hofnamen der Bauerschaften im Winterswijker Adreßbuch und eine Liste mit mittelalterlichen Hofnamen in der Arbeit von Slicher van Bath (s. Nr. 123) Die Namen werden vor allem anhand der Bücher über as. PN von W. Schlaug gedeutet. In einer knappen Einleitung werden Probleme der sächsischen bzw. friesischen Besiedlung der östlichen Niederlande angedeutet. Etwa 90 % der von Miedema gesammelten PN enthält einen altgerm. Rufnamen, während bei den letzten 10 % natürliche Gegebenheiten, Tiere, Berufe usw. bei der Namengebung zugrunde lagen.

292 SCHRÄDER, Bernhard : "Die Kottengründungen der Neuzeit in den Gemarkungen der Grafschaft", in: Jahrbuch des Heimatvereins der Grafschaft Bentheim 1966, 48-54.

Aufsatz über den Ursprung der Kötternamen, wobei auch einige Flurn. zur Sprache kommen.

\+ 293 THIELEN, Th. A. M. : Bijdragen tot de geschiedenis van de enclave Groenlo-Lichtenvoorde. Zutphen 1966. 251 S.

Enthält u.a. ein Hofnamenverzeichnis von 1624.

294 WALTER, Friedr. : "Zur Entstehung münsterländischer Hofnamen, besonders im Raum Telgte", in: Nd. W. 6 (1966), 73-96. Mit 6 Karten.

Obwohl Walter sich auf den Raum Telgte konzentriert, streift er in der Einleitung seines Aufsatzes doch allgemein die Hofnamen im ehemaligen Oberstift des Fürstbistums Münster, das u.a. auch die Gegend um Ahaus und Bocholt umfaßte und z. T. bis zur heutigen nl. Staatsgrenze reichte. Die dem Aufsatz beigegebenen Karten zeigen, daß es heute eine scharfe Grenze gibt zwischen den westf. (und ostnl.) Hofnamen, die durchweg die Endung *-ing* aufweisen, und den rheinischen, die ausschließlich auf *-hof* enden. Für das Jahr 1498 läßt sich anhand eines dichten Belegnetzes auf der Grundlage einer Willkommschatzung (s. Nr. 434) für Bischof Konrad von Rietberg feststellen, daß die Hofnamen auf *-ing* im Westmünsterland den Hofnamen auf *-man* östlich und südlich von Münster gegenüberstehen;

dort hat *-man* nicht nur *-ing*, sondern auch *hues*, *hove* u.a. verdrängt.

295 HARTIG, Joachim : Die münsterländischen Rufnamen im späten Mittelalter (= Niederdeutsche Studien 14). Köln-Graz 1967. 10 + 299 S.
Rez.: P. Hessmann, in: Germanistik 9 (1968), 690. - W. Schlaug, in: Nd. Jb. 94 (1971), 165-166.

296 HEKKET, B. J. : "Wat betekenen de namen van Haaksbergen en zijn buurtschappen ?", in: Aold Hoksebarge 1 (1967-68), 17-19, 33-35.
Nach Erörterung der urkundlichen Belege und der Mundartform kommt Hekket zum Schluß, daß der erste Bestandteil des ON *Haaksbergen* (1165 *Huckesberge*, 1188 *Hockesberge*) einen germ. PN (*Hokke*, *Hucco*) enthalte, während *bergen* auf 'Hügel' hinweise. Weiterhin deutet Hekket noch die Namen *Boekelo*, *Brammelo*, *Stepelo*, *Holthuizen*, *Buurse*, *Eppenzolder*, *Honesch*. Vgl. Nr. 299 und Nr. 323.

297 ENTJES, H. : "Over het ontstaan van Vriezenveen", in: DBNS 19 (1967), 165-184 und 20 (1968), 1-64.
Siedlungsgeschichte von Vriezenveen, wobei sporadisch auch Flurn. in und um Vriezenveen erwähnt werden.

\+ 298 HULSHOFF, A. L. : Het Markeregt van Losser. Kampen 1967. 66 S. Mit 1 Karte.
Veröffentlichung des Protokolls des "Holtgerichts" zu Losser (1533 bis 1670), das sich im fürstlichen Archiv zu Burgsteinfurt befindet. In dem Protokoll tauchen zahlreiche PN aus Losser und Umgebung sowie einige ON auf. Ohne alphabetische Register.

299 JORDAAN JGHzn, D. : "De betekenis van de naam Haaksbergen", in: Aold Hoksebarge 1 (1967-68), 35-36.
Jordaan wendet sich gegen Hekket (s. Nr. 296) und möchte das GW in *Haaksbergen* nicht als 'Hügel', sondern als 'Verteidigungsanlage' deuten; dabei weist er auf das Wort *Bergfried* 'Befestigung' hin.

300 KÜHLE, Ernst : "Gölenkamp und Hardinghausen", in: Jahrbuch des Heimatvereins der Grafschaft Bentheim 1967, 108-116.
In dem Aufsatz werden gelegentlich Flurn. behandelt.

301 KÜHLE, Ernst : "Wengsel", in: Der Grafschafter 174 (1967), 448; 175 (1967), 456.
Der Beitrag enthält eine Deutung des ON *Wengsel* und einige Hofnamen.

302 KÜHLE, Ernst : "Haftenkamp", in: Der Grafschafter 177 (1967), 469.
In diesem Beitrag wird auch der Name *Haftenkamp* (aus *Havekinghem*) gedeutet.

303 EBELING, R. A. : "Scuderump", in: DBNS 20 (1968), 129-134.
Im Jahre 1200 wird ein *domus que dicitur Scuderump* erwähnt, das in der Nähe von Hengelo gestanden haben soll. Ebeling versucht den Namen, der auch im dt. Sprachgebiet öfters vorkommt, zu erklären und meint, daß er auf einen PN *Scuderump*, was 'zitternder Oberkörper' bedeuten könne, zurückzuführen sei. Ebeling erwähnt auch die von Dittmaier erwogene Deutung 'Übername des Müllers' (*rump* ist eine über große Teile der Niederlande und Deutschlands verbreitete Bezeichnung für den 'Korntrichter in der Mühle').

304 EBELING, R. A. : "Over enkele oude westfaalse namenlijsten", in: DBNS 20 (1968), 147-152.
Ebeling vergleicht Ochtruper FN aus einer Quelle von 1549 mit denen aus einer Quelle von 1498. Es lassen sich nicht nur gelegentliche Verhochdeutschungen, sondern auch Änderungen in den Namengebungsgewohnheiten feststellen: Die den Namen vorangehenden Präpositionen (*tho*, *ter* usw.) sind weggefallen, dafür tauchen aber mehr Namen auf *-man* auf (*Kulman* statt *ter Kulen*). Für die 1498 überlieferten Namen ist weiterhin typisch, daß fast 31 % auf *-ink* enden und fast 40 % eine Präposition vorangeht. - Die beiden von Ebeling benutzten Listen sind veröffentlicht in einem Buch von A. Wegener (s. Nr. 249).

305 HEEROMA, Klaas : "Familiennamengeographie im Osten der Niederlande", in: BNFNF 3 (1968), 1-18. Mit 8 Karten.
Heeroma behandelt u.a. die FN auf *ing/ink*, die in der Mehrzahl erstarrte Bauernhofnamen sind. Es zeigt sich, daß die *ink*-Namen im Osten von Overijssel und Gelderland besonders häufig sind und daß *ing* dort verhältnismäßig selten vorkommt. Heeroma nimmt an, daß eine in Westfalen einsetzende *ink*-

Strömung das *-ing*-Suffix auch in Twente und im Achterhoek verdrängt hat, während Drente *ing(e)* beibehielt. Aufgrund des von Slicher van Bath gesammelten Materials kann Heeroma schließlich feststellen, daß bei der Namengebung die Präpositionen (*te* bzw. *ter, ten*) und das *-ink*-Suffix gleichwertige Möglichkeiten waren (z.B. *Bekink* neben *ten Beke*). Auch bei der Namengebung meint Heeroma also eine 'westfälische Expansion' erkennen zu können.

+ 306 HEKKET, B. J. : "Beoefening der Naamkunde", in: 't Inschrien 1 (1968), 10-12.
In diesem Aufsatz wird auch auf die Quellen hingewiesen, die für die Namenforschung in der Twente wichtig sind.

307 HEKKET, B. J. : "De 'Loo'-namen", in: 't Inschrien 1 (1968), 70-71.
Hekket bemerkt, daß die Urbedeutung von *loo* 'Wald' sei und daß das Wort in späterer Zeit auch Kulturland bezeichnet haben könne.

308 HEKKET, B. J. : "De namen der Twentse marken", in: 't Inschrien 1 (1968-69), 19-20, 35-36, 52-53; 2 (1970), 5-6, 41-42, 51-52; 3 (1971), 9-10, 36-38, 61-62; 4 (1972), 7-9, 22-23, 56-57; 5 (1973), 15, 26-27, 42-43.
In dieser Aufsatzreihe deutet Hekket die Namen alter Twenter Orte: *Tubbergen, Albergen, Hasselo, Dulder, Enschede* (das er zu den rheinischen *scheid*-Namen stellt), *Borne, Haaksbergen* usw. Die oftmals ausführlichen Deutungsversuche erfolgen unter Berücksichtigung des vorhandenen Quellenmaterials und der Fachliteratur.

309 KRINS, Franz : "Über Hessenwege. Ein wirtschaftsgeschichtlicher Hinweis", in: Nd. W. 8 (1968), 31.
Im Anschluß an den Aufsatz von Ploetz (s. Nr. 275) betont Krins, daß die *Hessenwege* tatsächlich nach den Hessen benannt wurden. Krins hebt die Bedeutung der hessischen Fuhrleute (u.a. in Antwerpen) hervor. Die Namengebung wäre also nicht (nur) den breitspurigen Hessenkarren zuzuschreiben.

310 KÜHLE, Ernst : "Nordhorn, Stadtteil Bookholt", in: Jahrbuch des Heimatvereins der Grafschaft Bentheim 1968, 57-64.
Dem Aufsatz ist eine Karte mit zahlreichen

Flurn. beigefügt, die kurz besprochen werden.

311 KÜHLE, Ernst : "Neerlage", in: Der Grafschafter 185 (1968), 533.
In diesem Beitrag werden mehrere Flurn. aufgeführt.

312 KÜHLE, Ernst : "Bardel", in: Der Grafschafter 187 (1968), 551; 188 (1968), 558; 189 (1968), 565; 190 (1968), 573.
Kühle zitiert ein paar Flurn. und bringt eine Deutung des ON *Bardel*.

313 LIMANN, Georg : "Woher der Esch den Namen hat", in: Der Grafschafter 179 (1968), 485.
Limann behauptet, es werde "allgemein angenommen", daß *esch* aus dem Keltischen stamme. Es finden sich in diesem Beitrag noch weitere unhaltbare Behauptungen, z.B. daß *Esch* und *Esche* (Baum) etymologisch identisch seien.

+ 314 (MEERTENS, P. J.): Nederlands Repertorium van Familienamen, uitgegeven door de naamkundecommissie van de Koninklijke Akademie van Wetenschappen onder redactie van P. J. Meertens. VI Overijssel, met Urk en de Noordoostpolder. Ingeleid door K. Heeroma met medewerking van R. A. Ebeling. Assen 1968. 469 S., 9 Karten.
Verzeichnis der FN sämtlicher Einwohner der Provinz Overijssel (Stand: 31. Mai 1947). Bei jedem Namen werden die Häufigkeit und die Gemeinden, in denen er belegt ist, angegeben. In der Einleitung (S. 5-62) wird hauptsächlich statistisches Material dargeboten, u.a. eine Liste der hundert häufigsten FN. Der Verbreitung einzelner Namentypen wird auch nachgegangen. Dabei stellt sich heraus, daß für den östlichen Teil der Provinz (Twente) einige FN typisch sind. Es sind dies die FN auf *-huis* und *-ink* sowie die FN mit den Zusätzen *Old* bzw. *Nij* (während *Klein* bzw. *Groot* in der Twente im Vergleich zum mittleren Overijssel selten sind) und *ter*, *te*, *ten*. Die letzte Gruppe und auch die Namen auf *-ink* sind übrigens ebenfalls im Achterhoek auffallend häufig vertreten. Vgl. Nr. 321!
Rez.: R. Schützeichel, in: BNFNF 4 (1969), 298 (vgl. auch die Rez. des Gesamtwerkes von R. Schützeichel in BNFNF 3 (1968), 274-278).

315 SCHRÄDER, B. : Erbesnamen und Agrargeschichte. Die bäuerlichen Hofesnamen in den emsländischen Landschaften. Nordhorn (Selbstverlag), o. J. (1968 oder später). 62 S. Mit 1 Karte.
Schräder will die Hofnamen in ihrem siedlungs- und agrargeschichtlichen Zusammenhang erläutern. Die Deutung erfolgt nicht auf wissenschaftlicher Grundlage. So werden die Namen mit anlautendem *kat-* mit lat. *cadere* in Verbindung gebracht. Die Namen finden sich ohne Angabe der Quellen und der Überlieferungszeit im Text verstreut, der durch zahlreiche Druckfehler verunziert wird. Ein Namenregister fehlt.

316 BERENDSEN, H. E. J. : "De Oldenhof te Buurse", in: Aold-Hoksebarge 2 (1969), 100-105. Mit 1 Karte.
Siedlungsgeschichte der Bauerschaft Oldenhof mit besonderer Berücksichtigung der Flurn., die auf der beigefügten Karte situiert werden.

\+ 317 BRUNS, Alfred : Inventar des Stadtarchivs Neuenhaus (Staatsarchiv Osnabrück, Depositum 61 a und b). (= Das Bentheimer Land 67). Nordhorn 1969. 80 S. Mit 1 Karte.
Rez.: Wilhelm Kohl, in: Niedersächsisches Jahrbuch für Landesgeschichte 43 (1971), 276.

318 BUSMANN, Johann : "Flurnamen im Samerott", in: Der Grafschafter 200 (1969), 662; 201 (1969), 671.
Plauderei mit vielen persönlichen Erinnerungen, in der mehrere Flurn. im Samerott (Bentheim) erwähnt und gedeutet werden.

319 ENTJES, H. : "Iets over eigennamen in Vriezenveen", in: DBNS 21 (1969), 130-131.
Notiz (mit 3 Beispielen) über Beinamen, die z. T. zu Hausnamen wurden.

320 ENTJES, H. : Woordenboek van het Vriezenveens. Deel I. Groningen 1969. 124 S., 1 Karte.
Auf den S. 51-74 findet sich eine Beschreibung der Feldmark von Vriezenveen, wobei die Flurn., deren Lage auf einer Karte angegeben wird, als "Richtschnur" dienen. Ein alphabetisches Verzeichnis von Hof- und Beinamen (S. 100-110) schließt das Wörterbuch ab.

321 HEEROMA, K. : "De betrouwbaarheid van het Overijsselse deel van het Nederlands repertorium van familienamen", in: DBNS 21 (1969), 107-120.
Heeroma weist auf die zahlreichen Fehler hin, die den Bearbeitern des 'Repertorium' (s. Nr. 314) unterlaufen sind.

322 HEKKET, B. J. : "De namen op 'dam' in Twente", in: Naamkunde 1 (1969), 185-197.
Dam bezeichnet in der Twente keine künstliche, sondern eine natürliche Erhöhung in niedrigem Gelände; manchmal wird das Wort auch ohne weiteres für tiefgelegenes Land gebraucht. Für die letzte Bedeutung trat ursprünglich *dom* (vgl. westf. *dum(m)* 'feucht') auf, das in der Überlieferung einige Male im Wechsel mit *dam* belegt ist. - Hekket bringt ein Verzeichnis von 69 *dam*-Namen, von denen sieben nicht aus der Twente stammen. Zu den einzelnen Namen werden Lage, urkundliche Belege und geographische Besonderheiten angegeben. Bei den erklärungsbedürftigen Namen wird eine Deutung hinzugefügt. - In einer Ergänzung (Naamkunde 5 (1973), 186-189) bemerkt Hekket anhand einiger Belege, daß die Endung *-man*, die oft an die Stelle eines alten *-ing* getreten ist, manchmal zu einem sonantischen *m* reduziert wurde; diese Endung konnte sich dann später (hyperkorrekt) zu *-dam* entwickeln.

323 HEKKET, B. J. : "Nogmaals de naam Haaksbergen", in: Aold Hoksebarge 2 (1969), 66-67.
Hekket führt aus, daß *berg* früher auch kleine, manchmal künstliche Erhöhungen bezeichnet habe und wendet sich in dieser Hinsicht gegen Jordaan (s. Nr. 299). Er erwägt ebenfalls die Möglichkeit, daß *berg* aus *borg* entstanden sein könne.

324 JORDAAN, JGHzn, D. : "De meest voorkomende familienamen in Haaksbergen", in: Aold Hoksebarge 2 (1969), 65-66.
Aus dem Material des "Nederlands Repertorium van Familienamen. Overijssel" (s. Nr. 314) ermittelt Jordaan 46 Namen, auf die 1947 jeweils wenigstens 50 Haaksberger Namenträger entfielen. Damals trugen 28 % der 11 279 Einwohner einen dieser 46 Namen.

325 KOHSTALL, Al. : "Verschwundene Höfe und Hof-

namen in Salzbergen", in: Jahrbuch des Emsländischen Heimatbundes 16 (1969), 167-170.
Auf der Auswertung ungedruckter Quellen beruhende Plauderei über ehemalige Höfe. Abgesehen von der sporadischen Erwähnung einzelner Hofnamen ist der Beitrag für die Namenkunde ohne Bedeutung.

326 KÜHLE, Ernst : "Deegfeld", in: Jahrbuch des Heimatvereins der Grafschaft Bentheim 1969, 48-56.
Der Aufsatz enthält eine Karte mit mehreren Flurn., die kurz besprochen werden.

327 REINDERS, M. : "Voorchristelijk Varsseveld. Heelweg en Bombekke.", in: Contactorgaan A - D - W (juli 1969), 17-20.
Der Name *Heelweg* aus dem Achterhoek wird als 'Totenreichweg' (zur heidnischen Begräbnisstätte) gedeutet. - Ein Teil des Flusses *Slinge* wird *Bombekke* genannt. Reinders sieht im Bestimmungswort dieses Namens (das auch in *Baumberge* vorliege) eine Bezeichnung für Wodan, ohne diese Deutung einleuchtend zu begründen. Es wird lediglich angenommen, daß *bom* aus **boden*, das 'Wodan' bezeichnen soll, entstanden ist. Ausführlicher behandelt Reinders dieses *boden* in derselben Zeitschrift (März 1973, S. 60).

328 TINNEFELD, Franz Josef : "Zur Entstehung der Ortsnamen Rhede und Krechting", in: Unsere Heimat. Jahrbuch des Kreises Borken 1969, 84-87.
Die verschiedenen Deutungsmöglichkeiten für *Rhede* werden erwogen. Tinnefeld gibt der Deutung 'Siedlung im Schilfgebiet' den Vorzug. In *Krechting* sieht er einen von *craft* 'Kraft' abgeleiteten PN, der zum ON wurde.

329 BLOK, D. P. : "Naamkunde", in: Jo Daan en D. P. Blok: Van randstad tot landrand. Toelichting bij de kaart: Dialecten en Naamkunde. (= Bijdragen en Mededelingen der Dialectencommissie van de Koninklijke Nederlandse Akademie van Wetenschappen te Amsterdam 37). Amsterdam, 2. Aufl., 1970, 47-54.
Von den zu diesem Heft gehörenden Karten ist vor allem Karte E für die Twente und den Achterhoek wichtig: Sie zeigt pro Gemeinde den Prozentsatz der auf *ink/ing* endenden FN im östlichen Gelderland und

Overijssel. In zwei Gemeinden (Hengelo, Zelhem) trugen 1947 mehr als 30 % der Einwohner einen FN mit diesem Suffix.

330 BOERKOEL, G. A. W. : "Klooster Schaer", in: Contactorgaan A - D - W (aug. 1970), 34-40.
Boerkoel erörtert die Bedeutung des Namens *Schaer*, der ursprünglich 'abgetrenntes Land' bezeichnet habe.

331 EBELING, R. A. : "Proeve van een familienamengeographie van Oostnederland en aangrenzende gebieden", in: Zijn akker is de taal (Feestbundel Heeroma), 1970, 115-125.
Für das "Nederlands repertorium van familienamen" gibt es keine deutsche Entsprechung. Ebeling untersucht, ob die deutschen Bürgerbücher der Städte Lingen, Nordhorn und Bentheim, die zahlreiche Namen aus dem 15.-19. Jh. enthalten, gewissermaßen als Ersatz für ein vollständiges Namenregister dienen könnten und verneint diese Frage, u.a. weil die Bürgerbücher nur die Namen gutsituierter Städter und nicht die der seßhaften Bauernbevölkerung enthielten. Auch hätten die obenerwähnten Städte eine große Einwanderungsquote zu verzeichnen. Mit dem vorliegenden Material könne man also nicht zu wirklich zuverlässigen Ergebnissen kommen, wenn man die geographische Verbreitung einzelner Familiennamentypen studieren wolle. Nur gewisse Tendenzen könnten angedeutet werden. Der Aufsatz enthält auch bibliographische Angaben über Bürgerbücher und andere Quellen aus dem nordwestdeutschen Grenzgebiet, die Familiennamenmaterial enthalten.

332 EBELING, R. A. : "Gelderse herkomstnamen in Gelderland", in: DBNS 22 (1970), 109-125.
Ebelings Untersuchung zeigt, daß die Herkunftsnamen im östlichen Gelderland auffallend weniger vorkommen als im westlichen Teil der Provinz; im Osten dagegen wurden Hofnamen häufig zu Familiennamen, was im Westen seltener ist. Genauer werden die Herkunftsnamen u.a. in Zelhem analysiert, das nur 30 Herkunftsnamen aufweist und als typisch für Ostgelderland gelten kann.

333 EBELING, R. A. : "Naamkundige schetsen: Berfelo", in: DBNS 22 (1970), 152.
Der FN *Berfelo* ist typisch für Overijssel,

insbesondere für die Stadt Enschede. Der FN ist auf einen zu einem Hofnamen gewordenen Flurn. in der Nähe von Hengelo zurückzuführen.

334 ENTJES, H. : Omme Sonderlinge toe den Vene. Uit de geschiedenis en het volksleven van Vriezenveen. Met een bijdrage van Everhard Jans. Den Haag 1970. 142 S.
Auf S. 30 handelt Entjes kurz über den Namen *Vriezenveen*.

335 ESHUIS, G. J. : "Erve-namen om Grimberg herinneren aan marketijd", in: DvhO, 21. Febr. 1970.
Eshuis deutet hier den Hofnamen *Schot* als 'Schutzstall', in den das Vieh, das unberechtigterweise auf der Feldmark weidete, eingeschlossen wurde. Dieser Stall hieß *schutsschot*.

336 ESHUIS, G. J. : "Water en wind creëerden vorm van het landschap", in: DvhO, 7. März 1970.
Den FN *Telgtjan* bringt Eshuis in Verbindung mit *telgen* 'junges Holz'.

337 ESHUIS, G. J. : "Boerengemeenschap had zijn brink en 'tijplaats'", in: DvhO, 18. April 1970.
Der Name *Tijhuis* bei Notter (Rijssen) weist auf eine alte Gerichtsstätte hin.

338 ESHUIS, G. J. : "Op 't Wolterink hield men de markevergaderingen", in: DvhO, 16. Mai 1970.
Eshuis behandelt auch die Flurn. um den Hof Wolterink (Notter).

339 ESHUIS, G. J. : "Honkvaste 'maagd' dient 56 jaar op 't erve Beunk", in: DvhO, 5. Sept. 1970.
Den Hofnamen *Beunk* (aus *Bonghinc*) an der Regge deutet Eshuis als 'Hof an der Flußbiegung'.

340 ESHUIS, G. J. : "Boerin op 't Groot Eusink zette 't hoorn aan de mond", in: DvhO, 12. Dez. 1970.
Der Name *Eusink* (1475 *Avesting*) wird von Eshuis als 'Siedlung an der Aa' gedeutet.

341 HIJSZELER, C. C. J. W. : "De buurschap Mander en omgeving in de historie", in: VORG 85 (1970), 1-160.

Diese umfassende Studie geht auch ausführlich auf die Hof- und Flurnamen von Mander (Gem. Tubbergen) ein. Besonders die Entwicklung der Hofnamen wird berücksichtigt. Vgl. Nr. 289.

342 KÜHLE, Ernst : "Zum Flurbild von Hesepe", in: Jahrbuch des Heimatvereins der Grafschaft Bentheim 1970, 92-94.
Siedlungsgeschichte von Hesepe anhand einer Karte, auf der mehrere Flurn. eingetragen sind.

343 MÜLLER, Gunter : "Das Problem der fränkischen Einflüsse auf die westfälische Toponymie", in: Frühmittelalterliche Studien 4 (1970), 244-270.

344 PONSTEEN, A. : Het kerkdorp Hellendoorn in vroeger eeuwen. Hellendoorn, o. J. (1970), 332 S. Mit zahlr. Abb. u. Karten.
Auf S. 280-281 erörtert Ponsteen den ON *Hellendoorn* und deutet ihn im Anschluß an Hekket als 'Holunderbaum'. In dieser Ortsgeschichte tauchen zahlreiche Flurn. auf.

345 REINDERS, M. : "De naam Varsseveld", in: Contactorgaan A - D - W (april 1970), 16-20.
Reinders wendet sich gegen Kuijpers Deutung des ON *Varsseveld* (s. Nr. 233) und vermutet im Bestimmungswort den PN *Friso*. Er stützt sich dabei auf den Beleg a. 1177 *Virsnevelde* und vergleicht dazu die Varsseveler Hofnamen *Vriezelaar* und *Vrieze*. Reinders vermutet, daß das a. 828 überlieferte *Wazefelde* die heutige Gemeinde Varsseveld bezeichnet habe. Mit dem Erscheinen des vermuteten *Friso* sei dann ein Namenwechsel eingetreten.

346 REINDERS, M. : "Aalten is oud", in: Contactorgaan A - D - W (aug. 1970), 28-31.
Reinders vermutet, daß der ON *Aalten* (828 *Aladna*) eine Zusammensetzung von *alah* 'Opferstelle' und *tun* 'Zaun' ist.

347 REINDERS, M. : "Groenlo is ouder dan Grolle", in: Contactorgaan A - D - W (1970, Heft 3), 31-33.
Aufgrund alter Belege weist Reinders nach, daß *Grolle* aus *Gronlo* entstanden ist. Das Wort *gron* 'grün' weist nach ihm auf Nadelwald hin. Er erörtert weiterhin ein paar Bauerschaftsnamen bei Groenlo.

348 VEDDELER, Peter : Die territoriale Entwicklung der Grafschaft Bentheim bis zum Ende des Mittelalters (= Studien und Vorarbeiten zum Historischen Atlas Niedersachsens 25). Göttingen 1970. 106 S. + Stammtafeln und 13 Karten.
Bedeutendes Werk für die Siedlungsgeschichte des Bentheimer Raumes. Behandelt auf S. 11-13 die häufigsten GW der ON und stützt sich dabei hauptsächlich auf H. Wesche ("Unsere niedersächsischen Ortsnamen", 1957) und B. H. Slicher van Bath (s. Nr. 123). Veddeler kommt zu dem zu erwartenden Schluß, "daß es nicht möglich ist, das Alter der Siedlungen mit Hilfe der Ortsnamen exakt zu bestimmen" (S. 13). Ausführliches Literaturverzeichnis (enthält auch Quellenwerke).
Rez.: A. Bruns, in: Niedersächsisches Jahrbuch für Landesgeschichte 44 (1972), 376-377.

349 AGTERHOF, H. H. : "Grensstenen te Aalten", in: Contactorgaan A - D - W (april 1971), 22-27.
Bei der Angabe der Grenzen werden mehrere Flurn. erwähnt, von denen einige (z.B. *Slagboom*) einen Hinweis auf die Grenze enthalten.

350 ASBROEK, W. E. TEN : "Kwamen onze Twentse voorouders uit Oost-Munsterland ?", in: Aold Hoksebarge 4 (1971), 253-254. Mit 1 Karte.
Es ist dem Verfasser aufgefallen, daß eine Reihe von ON im Ostmünsterland südwestlich von Gütersloh einigen Twenter ON ähnlich sind. Es sind dies: *Oelde*, *Beckum*, *Holter*, *Hasseler* (lies: *Hesseler!*), *Entrup*, *Winkelhorst*, *Bornefeld*, *Benteler*, *Bokeler* (lies: *Bokel!*), *Lintel*. Die entsprechenden Twenter Namen sind: *Oele*, *Beckum*, *Holterhoek*, *Hasselo*, *Enter*, *Winkelhorst*, *Borne*, *Bentelo*, *Boekelo*, *Lintelo*. Der Flußname *Glenne* im Ostmünsterland wird mit *Glane* bei Enschede verglichen. W. E. ten Asbroek nimmt eine Migration von ON an, erhärtet diese These jedoch nicht durch urkundlich belegte Namenformen. Die Schlußfolgerung, daß die Ortsnamenmigration zur Völkerwanderungszeit stattgefunden habe, nennt er selbst mit Recht voreilig.

+ 351 BRUNS, Alfred : Inventar des fürstlichen Archivs zu Burgsteinfurt. Allgemeine Regierungssachen der Grafschaften Bentheim und Steinfurt, Bestand A. (= Inventare der nichtstaatlichen Archive Westfalens, N. F. Bd. 5). Münster 1971. 19 + 285 S. Mit 1 Karte und 89 Abb. auf 8 Taf.

Enthält ein alphabetisches Personen- und Ortsregister.

Rez.: Jörg Füchtner, in: Niedersächsisches Jahrbuch für Landesgeschichte 44 (1972), 377-378.

352 BUSMANN, Johann : "Samern", in: Der Grafschafter 215 (1971), 788; 216 (1971), 798; 217 (1971), 806; 219 (1971), 821; 220 (1971), 827; 221 (1971), 838; 222 (1971), 845.

Plauderei, in der viele Flurn. zur Sprache kommen und z. T. gedeutet werden.

353 BUTER, Adriaan : "Molennamen zijn schaars in Overijssel", in: Twentsche Courant (6.3.1971).

Buter ordnet die Mühlennamen nach ihrer Bedeutung.

354 COWAN, H. K. J. : "Prae-Indo-Europese relicten in de Nederlanden ?", in: Leuvense Bijdragen 60 (1971), 159-198.

Behandelt auf den S. 181-182 den Namen *Twente*, dessen in der Römerzeit überlieferte Form *Tuihanti* das germ. Zahlwort 'zwei' sowie das auch in *Drente* vorliegende **hanta* enthalten soll. Cowan führt **hanta* auf voridg. **kanta* / **ganda* 'Stein, Fels' zurück. Einen Zusammenhang mit dem Namen der *Tubantes* lehnt er ab.

355 ESHUIS, G. J. : "Boomkate en Kollenhuis in 1588 'zeer verdorven'", in: DvhO, 20. März 1971.

Der Flurn. *Kollenweide* wird auf *kolle* 'Flußdüne' zurückgeführt.

356 ESHUIS, G. J. : "Markeverdeling gaf aan ontginning nieuwe kans", in: DvhO, 1. Mai 1971.

Die kleine Siedlung *Engeland* bei Notter (Rijssen) liegt in sumpfiger Gegend und war oftmals nur zu erreichen, indem man überschwemmtes Land durchquerte; diese Tatsache soll zu dem Namen geführt haben.

357 ESHUIS, G. J. : "De Gloer en Slettenhaar, een Zuna'se namenpuzzel", in: DvhO, 10. Juli 1971.

Erörterung einiger Flurn. bei Notter (Rijssen).

358 GLÄSSER, Ewald : Ländliche Siedlung und Wirtschaft des Kreises Coesfeld in Vergangenheit und Gegenwart (= Beiträge zur Landes- und Volkskunde des Kr. Coesfeld, 12). o. O., o. J. (Dülmen 1971).

Auf S. 76-81 werden vor allem Fluren mit dem Namen *worth* oder *wurth* näher betrachtet; nach Glässer sind diese gehöftnahen Blockfluren das älteste Nutzland des altsächsischen Bauerntums.

359 KÜHLE, Ernst : "Frensdorf", in: Jahrbuch des Heimatvereins Bentheim 1971, 121-130.

Siedlungsgeschichte und Geschichte von Frensdorf mit Verzeichnis und gelegentlicher Deutung der Flurnamen. Eine Karte mit eingetragenen Flurn. ist beigefügt.

+ 360 (MEERTENS, P. J.) : Nederlands Repertorium van Familienamen, uitgegeven door de commissie voor naamkunde en nederzettingsgeschiedenis van de Koninklijke Nederlandse Akademie van Wetenschappen onder redactie van P. J. Meertens. VIII Gelderland. Ingeleid door K. Heeroma en R. A. Ebeling. Assen 1971. 713 S., 8 Karten.

Verzeichnis der FN sämtlicher Einwohner der Provinz Gelderland (Stand: 31. Mai 1947) Bei jedem Namen werden die Häufigkeit und die Gemeinden, in denen er belegt ist, angegeben. In der Einleitung (S. 5-64) wird wie im Band "Overijssel" (s. Nr. 314) hauptsächlich statistisches Material dargeboten, u.a. eine Frequenzliste, die alle FN mit hundert oder mehr Namenträgern enthält. Einige Ergebnisse, die bereits im Band "Overijssel" mitgeteilt wurden, z.B. die auffallende Häufigkeit der aus Hofnamen entstandenen FN auf *-ink* im Achterhoek, werden hier nochmals veröffentlicht. Die Karten machen auch deutlich, daß die Bestandteile *Klein* bzw. *Groot* im Achterhoek konzentriert auftreten, während z.B. die Herkunftsnamen, die FN auf *-sen* und der FN *Jans(s)en*, der in Gelderland hinsichtlich der Häufigkeit weit an der Spitze steht, im östlichen Teil der Provinz verhältnismäßig selten sind.

361 REINDERS, M. : "De ramp van Olden Eibergen", in: Contactorgaan A - D - W (1971, Heft 2), 17-21.

Reinders erörtert einige Eiberger Flurnamen. Den ON *Eibergen* (im 13. Jh. *Ecbergh*) deutet er als 'Eichenberg'.

+ 362 VEDDELER, P. : "Orts- und Flurnamen in der Grafschaft Bentheim", in: Jahrbuch des Heimatvereins der Grafschaft Bentheim 1971, 86-98.
Verzeichnis der ON (und einzelner alter Flurn.) der Grafschaft Bentheim, wobei neben der heutigen Form ausgewählte urkundliche Belege aus dem 12. bis zum 18. Jh. mit Quellenangaben, aber ohne Deutung, aufgeführt werden.

+ 363 VOORT, Heinrich : "Ansiedlung im Kirchspiel Gildehaus gegen Ende des Dreißigjährigen Krieges", in: Jahrbuch des Heimatvereins der Grafschaft Bentheim 1971, 174-179.
Veröffentlichung einer Akte aus dem 17. Jh., in der zahlreiche PN und einige Flurn. vorkommen.

364 ZANDER, Wolfgang : "Tuihanti-Tubantenland-Bentheimer Land", in: Jahrbuch des Heimatvereins der Grafschaft Bentheim 1971, 80-82.
Zander versucht den ON *Bentheim* zu deuten. Er gibt die verschiedenen bisherigen Deutungsversuche unkritisch wieder und stützt sich auf die problematische alte Form *Bidninghusum*, von der man nicht weiß, ob sie sich auf *Bentheim* bezieht. Dieses *Bidninghusum* soll aus einem ursprünglichen *Tuihanti* (alter Beleg für *Twente*), das als 'Platz der Tubanten' gedeutet wird, entstanden sein!

365 BROCKPÄHLER, Wilhelm : "Beobachtungen zur Siedlungsgeschichte von Ohne anhand der Katasterkarten", in: Jahrbuch des Heimatvereins der Grafschaft Bentheim 1972, 75-81.
Siedlungsgeschichte des Dorfes Ohne, in der besonders den Eschfluren Aufmerksamkeit geschenkt wird. Drei Karten mit Flurn. sind dem Aufsatz beigefügt.

366 ENTJES, H. : "Zomerweg", in: DBNS 24 (1972), 20.
Bestätigung von Schönfelds Deutung von *Zomerweg* als "Fahrweg" (vgl. Nr. 194): In Vriezenveen ist der *Wagenweg* auch als *Zomerweg* belegt.

367 ESHUIS, G. J. : "Nogmaals Visschedijk", in: DBNS 24 (1972), 70.

Ergänzung zu Nr. 368. Eshuis hat noch einen *Visschediek* bei Almelo gekannt und beschreibt ihn als tiefen Kolk, der hinter einem kleinen Staudamm aus Flechtwerk entstand. Hinsichtlich des Stauens des Wassers stimmt Eshuis also Hommen (Nr. 229) zu; er betont jedoch, daß ein *Visschedijk* einem Teich oder Tümpel ähnlich sei.

368 HEEROMA, K. : "Visschedijk", in: DBNS 24 (1972), 62-64.
Vgl. Nr. 229 und Nr. 367. Heeroma geht der Verbreitung des FN *Visschedijk* nach und stellt fest, daß die Träger dieses FN 1947 hauptsächlich in Overijssel, und zwar in Twente, lebten (221 gegenüber 8 in den übrigen nl. Provinzen); auffallend ist weiter, daß die Familien namens *Visschedijk* vor allem an der Dinkel beheimatet waren.

369 HEEROMA, K. : "Familienamen in Overijssel (1)", in: DBNS 24 (1972), 91-105.
Heeroma behandelt nl. FN mit dem Bestandteil *reef*, die 1947 vor allem in Südwesttwente und im nördlichen Achterhoek verbreitet waren. Historische Belege bestätigen diese Verbreitung: Der FN ist offensichtlich aus mittelalterlichen Twenter Hofnamen hervorgegangen. - Heeroma erörtert die Etymologie von *reef* und stellt das Wort zu nl. *rib*; die Bedeutung wäre dann 'längliche und schmale Bodenerhebung'. Vgl. Heeromas Ergänzung unter Nr. 370. (Zu Heeromas anderen Aufsätzen über Overijsseler FN: s. Nr. 384-386).

370 HEEROMA, K. : "Reef en Refel", in: DBNS 24 (1972), 134-137.
Ergänzung zu Nr. 369. *Refel* und auch nl. *rafel* stellt Heeroma ebenfalls zu dem Wortstamm von nl. *rib*.

371 KOBES, D. W. : "Oude veldnamen", in: Contactorgaan A - D - W (1972, Heft 1), 3.
Erklärt den Flurn. *Smachtstede* als 'engen Weg'; *smacht* bezeichnet an sich ein 'unfruchtbares Grundstück'; da aber die betreffende Flur Tonboden habe, läßt Kobes diese Bedeutung nicht gelten.

372 KÜHLE, Ernst : "Altendorf", in: Jahrbuch des Heimatvereins der Grafschaft Bentheim 1972, 62-73.

Geschichte von Altendorf, das jetzt zu Nordhorn gehört. Der Aufsatz enthält eine Karte mit mehreren Flurn.

373 LINTELO, B. H. A. TE : "De naam Enschede", in: 't Inschrien 4 (1972), 44.
Der Verfasser geht nicht auf die Bedeutung des Namens *Enschede* ein: er betont lediglich, daß Enschede an einer sehr alten kirchlichen Grenze liege. Vgl. dazu Hekket in 't Inschrien 4 (1972), 57.

374 N. N. : "Geesteren", in: Twentse Post 11 (1972), Nr. 1, 2, 3, 4.
Handelt über die Namen *Geesteren* und *Huyeren*. Letzterer Name wird wenig überzeugend mit nl. *(thuis)horen* in Verbindung gebracht. Auch Flur- und Hofnamen kommen zur Sprache.

375 REINDERS, N. (lies: M.) : "Historisch Lichtenvoorde", in: Contactorgaan A - D - W (1972, Heft 1), 22-27.
Mehrere geographische Namen um Lichtenvoorde werden in diesem Aufsatz gedeutet.

+ 376 VOORT, Heinrich : "Das Heberegister der Grafschaft Bentheim von 1486", in: Jahrbuch des Heimatvereins der Grafschaft Bentheim 1972, 187-222.
Das Register enthält einige ON und eine große Zahl PN.

377 VREDENBERG, J. : "Overeenkomst van topografische namen", in: Aold Hoksebarge 5 (1972), 258-259.
Angeregt durch den Beitrag von ten Asbroek (s. Nr. 350) zitiert Vredenberg etwa 20 Namen, die eine Entsprechung in einer anderen Gegend haben. Die Reihe reicht von Norwegen (Oslo) bis Twente (Usselo), von Dänemark bis England. Urkundliche Belege, die die sprachliche Identität der Namen bestätigen könnten, werden nicht aufgeführt.

378 AGTERHOF, H. H. : "Verdwenen boerderijen bij Dinxperlo", in: Contactorgaan A - D - W (aug. 1973), 33-37.
In diesem Aufsatz werden Besonderheiten über einige Flurn. mitgeteilt.

379 ASBROEK, W. E. TEN, und OVERBEEKE, J. : "Wat betekenen Porik en Gleis", in: Aold-Hoksebarge

6 (1973), 384-385.
Eicheln wurden jahrhundertelang als Schweinefutter gebraucht. In mittelalterlichen Quellen taucht die Bezeichnung *glandes porcorum* (die Verfasser schreiben irrtümlicherweise *procorum*) denn auch öfters auf. Die Verfasser meinen, daß der Hofname *Gleis* in Buurse auf lat. *glandes* und der Flurn. *Porik* (ebenfalls in Buurse) auf lat. *porcorum* zurückgeführt werden könnten (!). Zu *Porik* (im Twenter Schätzungsregister von 1475 tauchen auch die Formen *Peryck*, *Pirick* auf): vgl. Nr. 140, 141, 148.

380 BARTELINK, G. J. M. : Uit Twente's verleden. Enschede 1973. 136 S.
Dieses Buch enthält ein Kapitel "Twentse Plaatsnamen" (S. 122-124), das jedoch nur eine Plauderei über einige wenige Twenter ON ist. Es wird lediglich referiert, was in den Namenbüchern von Moerman u.a. steht.

381 EBELING, R. A. : "Schoorlemmer", in: DBNS 25 (1973), 79-80.
Der nl. FN *Schoorlemmer* ist fast ausschließlich in Overijssel belegt. Ebeling sucht den Ursprung des FN in der Bauerschaft *Schorlemmer* bei Sendenhorst (Münsterland), die schon im 10. Jh. erwähnt wird. Im Münsterland kommt der entsprechende FN auch häufig vor.

382 EISING, H. J. : "Berflo", in: 't Inschrien 5 (1973), 55-56. Mit 1 Karte.
Die Tatsache, daß bei Berflo ein urgeschichtliches Gräberfeld vorhanden ist, veranlaßt Eising zu der Annahme, daß im BW des ON die Mundartbezeichnung *baarwe* 'Bahre' vorliege. Gegen diese nicht durch alte Belege untermauerte Deutung wandte sich Hekket (Nr. 405); s. auch Eisings Antwort (Nr. 403).

383 ESSER, Lothar : "Zum *-ing*-Suffix in den westfälischen Siedlungsnamen bis zum Jahr 1200", in: Nd. W. 13 (1973), 78-87.

384 HEEROMA, K. : "Familienamen in Overijsel (2)", in: DBNS 25 (1973), 12-27. Mit 3 Karten.
Heeroma behandelt die mit *klein*, *groot*, *olde*, *nije* usw. zusammengesetzten nl. FN. Es läßt sich feststellen, daß *old* bzw. *nij* in Nordosttwente gehäuft vorkommen, *klein*

bzw. *groot* jedoch nicht auffallend oft. In Nordosttwente wird das Adjektiv (*old* usw.) überdies sehr häufig dekliniert (*olde* usw.), während es z.B. im nördlichen Achterhoek, von Heeroma in diesem Zusammenhang als Kerngebiet betrachtet, meist undekliniert bleibt. Heeroma erörtert weiterhin die Verbreitung von *lutke, lutje, luttik* usw., die wiederum in Twente und im Achterhoek häufig auftreten, wodurch diese Landschaften sich von anderen abheben.

385 HEEROMA, K. : "Familienamen in Overijsel (3)", in: DBNS 25 (1973), 28-47. Mit 3 Karten.
In diesem Aufsatz behandelt Heeroma nl. FN mit dem für Twente und Achterhoek typischen Bestandteil *kate, kote* 'Kate, (kleiner) Bauernhof'. Er untersucht die Verbreitung der Formen mit *a* bzw. *o*; im Achterhoek überwiegen eindeutig die *o*-Formen. Heeromas Karten lassen deutlich hervortreten, daß die FN mit *kate, kote* hauptsächlich auf Ostoverijsel und Ostgelderland beschränkt sind; in Drente und Groningen gibt es nur sehr spärliche Belege. Schließlich behandelt Heeroma noch die Entstellung von *-kote* zu *-kort* und *-schot*.

386 HEEROMA, K. : "Familienamen in Overijsel (4)", in: DBNS 25 (1973), 48-58. Mit 2 Karten.
Heeroma geht der Verbreitung der nl. FN mit dem Bestandteil *tij, tie* 'Gerichtsplatz' nach und stellt fest, daß ihr Kerngebiet deutlich in der Twente liegt. Er vergleicht weiterhin die Verbreitung der *tij*-Namen mit jener der mit *brink* zusammengesetzten FN, die in der Twente selten sind.

387 HEKKET, B. J. : "Faethinchere", in: Naamkunde 5 (1973), 57-58.
Die Lage des im 12. Jh. erwähnten Ortes *Faethinchere* war bis jetzt unbekannt. Nach Hekket lebt der Name fort in dem Namen des Hofes *Vaneker* (a. 1420 erstmals erwähnt) in Lonneker bei Enschede. Die Entwicklung der Namen *Vaneker* (aus *Faethinchere*) und *Lonneker* (10. Jh. *Loninghere*) weise einen auffallenden Parallelismus auf. Vgl. Nr. 417.

388 HEKKET, B. J. : "De bergen van Haaksbergen", in: 't Inschrien 5 (1973), 57.
Hekket wendet sich gegen die Deutung von

-berg(en) als 'Burg', da historische Belege dazu nicht berechtigen.

389 HEKKET, B. J. : "De oudste inwoners van Twente", in: 't Inschrien 5 (1973), 58-60 und 6 (1974), 9-11.
Deutung einiger Twenter PN, die im Werdener Heberegister (10. Jh.) überliefert sind.

390 HESELHAUS, August : "Isselraum, Grenzland ?", in: Heimatkalender der Herrlichkeit Lembeck 32-33 (1973-74), 120-127.
In diesem Aufsatz werden mehrere Flurn. der Gemeinde Raesfeld aufgeführt und gedeutet. Heselhaus beschränkt sich auf Flurn., die der Archäologie dienlich sein können.

391 HOFSTRA, Tette : Ortsnamen auf -elte in der niederländischen Provinz Drente (= Amsterdamer Publikationen zur Sprache und Literatur hg. von C. Minis, Bd. 5). Amsterdam 1973. 133 S. Mit Karten und Abb.
Hofstra behandelt auch Namen in Overijssel, Gelderland und im Emsland.
Rez.: H. Draye, in: Naamkunde 6 (1974), 209-211.

392 KOBES, D. W. : "De diverse veldnamen in het gebied van Aalten-Dinxperlo-Wisch", in: Contactorgaan A - D - W (maart 1973), 14-16.
Plauderei über die Bedeutung einiger Straßen- und Wegebezeichnungen.

393 KOBES, D. W. : "De boerderijnaam Bijvank", in: Contactorgaan A - D - W (maart 1973), 27.
Im Anschluß an J. de Vries wird *Bijvank* als 'abgetrenntes Stück Land' gedeutet.

+ 394 KOBES, D. W. : "Merkwaardige boerderij- en veldnamen in de buurtschappen van Winterswijk uit het jaar 1748", in: Contactorgaan A - D - W (aug. 1973), 40-42.
Unsystematisches Flurnamenverzeichnis ohne historische Belege und Quellenangaben.

+ 395 KOHL, Wilhelm : Regesten aus dem Archiv des Klosters und Stiftes Wietmarschen (= Das Bentheimer Land 80). Nordhorn 1973. 8 + 117 S. Mit 1 Karte.
Rez.: Gieschen, K., in: Niedersächsisches Jahrbuch für Landesgeschichte 46/47 (1974-75), 399-400.

396 KOLKS, H. L. J. : "Nogmaals Smachtstede", in: Contactorgaan A - D - W (maart 1973), 37-40.
Erwiderung auf einen Aufsatz 'Smachtstede en bewoners in 300 jaar" (Contactorgaan A - D - W, april 1972). Kolks meint, daß der Hof *Smacht(stede)* in Wisch rund 350 Jahre älter sei, als bisher angenommen wurde. Er bejaht die Deutung 'Hof des Smacht'. Der FN *Smacht* tauche in den Quellen öfters auf. Vgl. Nr. 371.

397 KÜHLE, Ernst : "Markenteilung in Echteler 1882 und Aufteilung des Echteler Feldes 1938", in: Jahrbuch des Heimatvereins der Grafschaft Bentheim 1973, 11-21.
Kühle bespricht die Verkopplung. Auf der beigefügten Karte werden mehrere Flurn. erwähnt.

398 KÜHLE, Ernst : "Bimolten", in: Jahrbuch des Heimatvereins der Grafschaft Bentheim 1973, 61-70.
Siedlungsgeschichte und Geschichte von Bimolten, wobei einige Flurn. zur Sprache kommen.

399 MAAS, P. VAN DER : "Veldnamen rondom Ootmarsum", in: Twentse Post 12 (1973), Nr. 7.
In dem Aufsatz werden die Namen nach dem Anlaß zur Namengebung geordnet und oft kurz gedeutet. Die Deutungen sind zuverlässig. Auf 2 großen Karten sind die Flurnamen von Ootmarsum eingetragen.

400 PONSTEEN, A. : Van Noetsele tot Nijverdal. Enschede 1973. 462 S. Mit zahlr. Abb. und Karten.
Auf S. 7 erklärt Ponsteen den ON *Noetsele* (1323 *Noselo*) als 'spitz zulaufendes Wäldchen (in der Form einer Nase)'. In dieser Ortsgeschichte tauchen zahlreiche Flurn. auf (auch auf den Karten).

401 REINDERS, M. : "Het landschap als oorkonde", in: Contactorgaan A - D - W (maart 1973), 9-14 und 59-63.
Anhand zahlreicher ausgewählter Orts- und Flurnamen erörtert Reinders siedlungsgeschichtliche und sonstige historische Besonderheiten der Gegend um Varsseveld. In vielen Namen meint er germanische Götterbezeichnungen zu erkennen, u.a. in den *Katten*-Namen, die an Freya erinneren sol-

len. Die Bezeichnung *Wedeme* für das Pfarrgrundstück verbindet er mit nl. *wijden* 'weihen'. *Aalten* (a. 828 *Aladna*) soll *alah* 'Heiligtum' enthalten. Die meisten der Deutungen können nicht überzeugen.

+ 402 BOERKOEL, G. A. W. : "De namen van de Aaltense boerderijen", in: Contactorgaan A - D - W (december 1974), 53-56.
Nach der Art der Namengebung geordnetes Verzeichnis der heutigen Namen (ohne historische Belege und Quellenangaben) der Aaltener Bauernhöfe.

403 EISING, H. J. : "Berfelo", in: 't Inschrien 6 (1974), 25.
Wendet sich gegen Hekkets Deutung von *Berfelo* (s. Nr. 405) und erklärt den Namen wenig überzeugend als 'Waldlichtung mit Grabhügeln'.

404 GROOT, D. J. DE : "Reconstructie van het oude landschap in en om de THT", in: 't Inschrien 6 (1974), 54-60. Mit 1 Karte.
Anhand von Karten aus dem 18. und 19. Jh. hat de Groot die Landschaft um die Technische Hochschule Twente rekonstruiert. Es kommen dabei zahlreiche Flurn. zur Sprache, deren Lage ermittelt wird.

405 HEKKET, B. J. : "Berflo", in: 't Inschrien 6 (1974), 8.
Hekket vermutet, daß im ON *Berf(e)lo* (14. und 15. Jh. *Barvetlo*, *Bervetlo*) das *r* eingeschoben wurde und vergleicht den Namen mit *Baflo* (Groningen; a. 945 *Beftlon*, 11. Jh. *Baflon/Bahtlon*), in dessen erstem Bestandteil er *bacht* 'hinter' sieht. Vgl. Nr. 382.

+ 406 KOBES, D. W. : "Oude familienamen in de kerkarchieven van Anholt", in: Contactorgaan A - D - W (aug. 1974), 6-7.
Kurzes alphabetisches Verzeichnis einiger FN mit Angabe des Jahres der Überlieferung (15.-17. Jh.).

407 KÜHLE, Ernst : "Grasdorf", in: Jahrbuch des Heimatvereins der Grafschaft Bentheim 1974, 109-123.
Siedlungsgeschichte und Geschichte von Grasdorf mit einer Karte, die Flurn. enthält.

408 KÜHLE, Ernst : "Hardingen", in: Jahrbuch des Heimatvereins der Grafschaft Bentheim 1974, 140-151.
Siedlungsgeschichte und Geschichte von Hardingen mit einer Karte, die einige Hofnamen enthält.

409 M(AAS), P. V(AN) D(ER) : "De namen van boerderijen, hun betekenis en ontstaan", in: Twentse Post 13 (1974), Nr. 11.
Plauderei ohne wissenschaftlichen Wert.

410 N. N. : "Marke-ontwikkeling rondom Goor", in: Twentse Post 13 (1974), Nr. 3, 4.
Dieser Beitrag (Teil einer Aufsatzfolge über Goor) ist gleichermaßen wichtig als Materialsammlung (die Lage der besprochenen Fluren und Höfe wird auf einer Karte angegeben) wie als siedlungsgeschichtliche Studie über das Kirchspiel Goor. Die aufgeführten Namen werden nicht gedeutet. Die Aufsatzfolge genügt wissenschaftlichen Ansprüchen.

411 N. N. : "Boerderij- en veldnamen in en rond Fleringen", in: Twentse Post 13 (1974), Nr. 7.
Namenverzeichnis mit Hinweisen auf die Nutzung und mit Angabe der Lage der Fluren und Höfe auf einer Karte.

+ 412 VREDENBERG, J. P. : Het oudste register van de vrijwillige rechtspraak der stad Goor (1333-1408) (= VORG, Werken 31). Zwolle 1974. 94 S.
In diesem auf Lat. und Mnl. abgefaßten Register finden sich zahlreiche PN und ON. Ein alphabetisches Register hat Vredenberg hinzugefügt.

+ 413 ASBROEK, W. E. TEN; DONS, L. L. J.; JORDAAN, D. LEUSINK, J. B. A.; OVERBEEKE, L. G. L. : Historie van Haaksbergen I. Haaksbergen 1975. 197 S. Mit Abb. u. Karten.
Auf den S. 34-47 werden die Hofnamen aufgeführt, die zwischen 1300 und 1475 im Gericht Haaksbergen überliefert sind. Die Karten auf den S. 20 und 25 zeigen die Verbreitung der Namen mit den Bestandteilen *lō*, *borg* und *-ink*. - Die in dem Buch gegebenen Namendeutungen erfolgen ohne Berücksichtigung der historischen Belege und der Fachliteratur und sind oft unrichtig. So wird z.B. behauptet, daß *-ler* auf *-lo* zurückgehe und

daß das BW in *Haaksbergen* mit hd. *hocken* zusammenhänge.

414 ESHUIS, G. J. : "Oudhoevige Wierdenaren bleven r.-k. geloof trouw", in: DvhO, 4. Okt. 1975.
Eshuis handelt u.a. über den Hofnamen *'t Sandink* (1475 *ten Sande*) in der Gem. Wierden, der auf sandige Bodenbeschaffenheit zurückzuführen ist.

415 GROOT, D. J. DE : "De omgeving van Enschede rond 1780", in: 't Inschrien 7 (1975), 18-22. Mit 1 Karte.
In diesem Aufsatz werden zahlreiche Flurn. aufgeführt, deren Lage ermittelt wird.

416 GROOT, D. J. DE : "Hengelo en omgeving anno 1780", in: 't Inschrien 7 (1975), 38-43. Mit 1 Karte.
Sammlung von etwa 40 Hengeloer Flurn. aus dem 18. Jh., deren Lage ermittelt wird.

417 HEKKET, B. J. : "Lonneker en Vaneker", in: 't Inschrien 7 (1975), 17-18.
Das GW der beiden besprochenen Namen (10. Jh. *Loningheri*; 12. Jh. *Faethinchere*) ist nach Hekket nicht germ. *haru* 'Heer', wie Gysseling meinte, sondern as. *heri*, das hier die Bedeutung 'Gebiet eines Herrn' habe.

418 HEKKET, B. J. : Oostnederlandse Familienamen (hun ontstaan en hun betekenis). Enschede 1975. 181 S.
Unter "Oostnederlands" versteht Hekket das Gebiet östlich der IJssel (Achterhoek, Gelderland, Drente). Das für ein breites Publikum gedachte Buch besteht aus einer knappen Einleitung (S. 5-13), in der einige typische Kennzeichen der Namengebung und lautlichen Entwicklung sowie die benutzten Quellen besprochen werden und aus einem alphabetischen Namenverzeichnis. Bei den einzelnen Namen werden angegeben: Jahr der Überlieferung; Ort, wo der Namensträger bzw. der Hofname vorkommt; historische Belege (ohne Quellenangaben), knappe Deutung. Das Buch gibt einen guten Überblick über die ostnl. Personennamenlandschaft.
Rez.: K. Roelandts, in: Naamkunde 8 (1976), 260-261.

\+ 419 HENSEN, Heinrich : "Hof- und Familiennamen

der Grenzgemeinden Vorwald und Eschebrügge im 18. Jahrhundert", in: Jahrbuch des Heimatvereins der Grafschaft Bentheim 1975, 118-119.
Verzeichnis von Hof- und Familiennamen mit Angabe des Jahres der Überlieferung in den Tauf- und Mitgliederbüchern der reformierten Gemeinde in Emlichheim.

420 JANS, E. und HAGENS, H. : Huis en hof in en om Geesteren (O.). Geesteren 1975. 24 S.
Die hier aufgeführten Hof- und Flurn. werden z. T. gedeutet.

421 KOBES, D. W. : "Uit de oudste historie van Varsseveld", in: Contactorgaan A - D - W, o. J. (1975), 30-33.
Kobes behandelt vor allem die Geschichte des Hofes *Nibbelink*. Die Erörterung von Namen wie *Varsseveld* usw. ist dilettantisch.

422 KREMER, Ludger : "Namenkunde und Ortsgeschichte. Einige Bemerkungen zu Siedlungs- und Flurnamen der Gemeinde Heiden", in: Beiträge zur Geschichte der Gemeinde Heiden (= Heidener Schriften, Bd. 1), hg. von L. Kremer und B. Sniers (1975), 49-72. Mit 4 Abb.
Kremer veröffentlicht eine "Auswahl von heute noch lebenden Namen" (78 Namen, die auf einer beigefügten Karte lokalisiert werden), die er auch deutet; historische Belege werden in der Regel nicht herangezogen. Nacheinander werden besprochen: 1. Die Namen der ältesten Heidener Siedlungskerne (hier werden einzelne historische Belege aufgeführt und wird u.a. auch der Name *Heiden* als 'bei den waldlosen Ebenen oder Heideflächen' gedeutet); 2. Feste Plätze und Befestigungsanlagen; 3. Namen, die auf die (frühere) Bodengestalt hinweisen; 4. Namen, die auf Bodenerschließung und Bodennutzung hinweisen; 5, 6 und 7: Namen für Kulturdenkmäler (hierzu gehören die bekannten *Düwelsteene*), Wege und Wüstungen.

423 KÜHLE, Ernst : "Osterwald", in: Jahrbuch des Heimatvereins der Grafschaft Bentheim 1975, 120-130.
Ortsgeschichte mit Deutung des ON und Erwähnung einiger Hofnamen.

424 REINDERS, M. : "Kolenbergerveen", in: Contactorgaan A - D - W (dec. 1975), 47-48.
Protest gegen amtliche Entstellungen, wo-

durch u.a. *Kollenbarg* zu *Korenburg* verstümmelt wurde. Der Flurn. *Kollenbarg* erinnert an die Köhlerei.

425 SNUIF, C. J. : Verzamelde Bijdragen tot de Geschiedenis van Twenthe. Hengelo/Schiedam, 1975. 519 S.
Der Sammelband enthält viele in kleinen und schwierig auffindbaren Zeitschriften veröffentlichte historische Aufsätze, in denen oft auf die Überlieferung und Deutung von Namen (z.B. *Enschede, Borne*) eingegangen wird.

426 TERHALLE, Hermann : Die Berkelschiffahrt in der Wirtschaftsgeschichte des niederländisch-westfälischen Grenzraumes (= Beiträge des Heimatvereins Vreden zur Landes- und Volkskunde 4). Vreden 1975. 176 S. Mit zahlr. Abb.
In dieser Untersuchung werden mehrere Fluß- und Flurn. erwähnt.

427 VERLINDE, A. D. : "Datering en identificatie van twee Twentse vluchtburchten", in: 't Inschrien 7 (Oktober 1975), 59-64.
Bei der Behandlung urgeschichtlicher Denkmäler kommt Verlinde auch auf die mit *Hunnen-, Hünen-* zusammengesetzten Namen zu sprechen. Im Volksglauben gelten *Hunnen* als 'Riesen'.

+ 428 VOORT, Heinrich : "Die Bauernhöfe des Gerichts Nordhorn nach einem Schatzungsregister des Jahres 1621", in: Jahrbuch des Heimatvereins der Grafschaft Bentheim 1975, 165-170.
Das Register besteht hauptsächlich aus PN.

429 WEBER, Heinrich : "Einige Bemerkungen zu Bocholter Familiennamen", in: Unser Bocholt 26 (1975), Heft 4, 21-22.
Plauderei über *-ing*-Namen in Bocholt mit einigen Beispielen (ohne wissenschaftliche Zielsetzung).

430 AGTERHOF, H. H. : "Oud en nieuw Dinxperlo", in: Contactorgaan A - D - W (april 1976), 19-22. Mit 1 Karte.
In diesem Aufsatz tauchen einige Flur- und Straßennamen auf, deren Mundartform angegeben wird.

+ 431 BOERKOEL, G. A. W. : "De namen der Aaltense

boerderijen", in: Contactorgaan A - D - W (april 1976), 39-47.
Ausführliches Hofnamenverzeichnis, wobei die Namen nach dem Anlaß der Namengebung bzw. nach der Form (Namen auf *-ink*) geordnet werden. Die Deutungen sind knapp, aber zuverlässig. Historische Belege werden nicht aufgeführt.

432 GEERINK, Geert : "Bemerkenswerte Flurnamen im Bereich Uelsen und Bauerhausen", in: Jahrbuch des Heimatvereins der Grafschaft Bentheim 1976, 179-186. Mit 1 Karte.
Geerink deutet auf nicht immer überzeugende Weise eine Reihe von Flurn.; die Lage der Fluren wird auf einer Karte angegeben. Besonderes Interesse bringt er Namen aus dem kultischen und gerichtlichen Bereich entgegen.

433 GEERINK, Geert : "Eine neue Deutung des Namens Grouwen- oder Groawenkerken für einen Querbau an der Kirche in Uelsen", in: Jahrbuch des Heimatvereins der Grafschaft Bentheim 1976, 211-212.
Grouwenkerken bzw. *Grobben Kerksken* ist der Name eines aus dem 15. Jh. stammenden Anbaus der Uelsener Kirche. Geerink nimmt an, daß der Name des Vikars Ruwen, der sich im 15. Jh. sehr für die Vikarie einsetzte, im BW des Namens vorliegt: *Ruwen* habe man *Rouwen* ausgesprochen und später sei durch Kontamination mit *growe* 'Begräbnis, Grab' ein *g* als Anlaut hinzugefügt worden.

+ 434 (HARTIG, Joachim) : Die Register der Willkommschatzung von 1498 und 1499 im Fürstbistum Münster. Teil 1 : Die Quellen. Bearbeitet von Joachim Hartig. (= Westfälische Schatzungs- und Steuerregister, Bd. 5. Veröffentlichungen der Historischen Kommission Westfalens 30). Münster 1976. 558 S., 2 Tafeln und 1 Karte.
Vorzüglich herausgegebenes Quellenwerk, das gerade auch für die Personennamenkunde des Westmünsterlandes besonders ergiebig ist. Der zweite (noch nicht erschienene) Teil wird ein alphabetisches PN-Register enthalten.
Rez.: P. Hessmann, in: BNFNF 12 (1977), 351.

435 MÜLLER, Gunter : "Über P-Namen im Westfälischen", in: Festgabe für Otto Höfler zum 75. Geburtstag, hg. von Helmut Birkhan (1976), 486-498.

Müller wendet sich gegen Kuhn (s. Nr. 232), der etliche westfälische Namen mit *p*-Anlaut einem vorgermanischen Substrat zugeschrieben hatte. Müller entkräftet überzeugend Kuhns Etymologien, so daß die Existenz eines vorgermanischen "Nordwestblocks" wenigstens für Westfalen sehr fragwürdig erscheint. Auch einige Namen aus dem Westmünsterland kommen zur Sprache (*Pilkeshove* b. Gildehaus, *Pulsenhove* b. Coesfeld).

436 SCHÜTTE, Leopold : Wik. Eine Siedlungsbezeichnung in historischen und sprachlichen Bezügen. (= Städteforschung. Veröffentlichungen des Instituts für vergleichende Städtegeschichte in Münster. Reihe A : Darstellungen, Bd. 2). Köln/Wien 1976. 49 + 276 S., 2 Karten in Falttasche.

In dieser sowohl für die Siedlungs- als für die Namenforschung wichtigen Arbeit untersucht Schütte die ON mit dem Bestandteil *wik* in Westfalen und in den östlichen Niederlanden; berücksichtigt werden jedoch auch die *wik*-Namen in anderen nordwesteuropäischen Gebieten (vor allem England und Skandinavien). Entgegen der bei Historikern verbreiteten Ansicht, *wik* bezeichne einen 'Handelsplatz' oder eine 'Kaufmannssiedlung', weist Schütte nach, daß weder lat. *vicus* noch germ. *wik* eine solche Bedeutung zukommt. Vielmehr bezeichnet *wik* "ursprünglich ausschließlich Einzelhöfe, ... die eine geschlossene Blockflur besitzen, deren Fluren also nicht mit denen anderer Höfe im Gemenge liegen. Diese Flurform stimmt zu der der großen Gruppe karolingerzeitlicher *curtes*, deren Entstehung in die Zeit des ersten intensiven Ausbaues auf den schweren Kleiböden des Münsterlandes fällt. Damit ist ein Hinweis auf die Datierung der *wik*-Siedlungen Westfalens und der östlichen Niederlande gegeben, der durch die älteste Überlieferung eines -*wik*-Namen (!) in demselben Gebiet bestätigt wird: Meinerswijk 814/15" (S. 196-197). - Hinsichtlich der Etymologie von *wik* befürwortet Schütte im Anschluß an J. Trier (und abweichend von Th. Frings u.a.) einen germanischen Ursprung. Das Wort sei wurzelverwandt mit lat. *vicus*, aber keine Entlehnung aus dem Lateinischen. Gegen die Entlehnung spreche u.a. der Anlaut *w*, das feminine Genus und die unerklärte Bedeutungsentwicklung von 'Gruppensiedlung' zu 'Einzelhof'.

- *Wik* habe ursprünglich eine 'Umhegung' bezeichnet und gehöre somit in die Gruppe von 'Zaunbezeichnungen', die sekundär das 'umzäunte Gebiet' meinten (z.B. engl. *town*, nl. *tuin*, deutsch *Wurt*, *Garten* usw.).
- Angesichts der zahlreichen *wik*-Namen im Westmünsterland und dem anschließenden nl. Gebiet ist Schüttes gründliche Arbeit sowohl wegen des Materials ("Liste der (-)*wik*-Namen und -Belege", S. 199-261) als wegen der Ergebnisse für unser UG von besonderer Bedeutung. Das Literaturverzeichnis enthält alle wichtigen Arbeiten über die *wik*-Namen.

VERFASSERREGISTER

Die Zahlen verweisen auf die Nummern der Bibliographie

N A M E N R E G I S T E R

Fachrichtung Germanistik
Universität des Saarlandes

SACH- UND WORTREGISTER

Fachrichtung Germanistik
Universität des Saarlandes